ময়ূরাক্ষী

সুমন দাস

Made with ♥ on the Notion Press Platform
www.notionpress.com

চোখের ধারা।

সুমন দাস (কলম)।

একটা ঘেরাটোপের বাইরে এসে যখন উন্মুক্ত আকাশের দিকে তাকালাম,
এক নিমেষে সরে গেল বহু পুরোনো শ্যাওলা জমা অবসাদের পর্দা খানা।
নিমেষে খুলে গেলো বাঁধা পাখনা খানা।
এতোদিন যে খাঁচায় ছিলো বন্দী লোহার গারদে শুধু মোচড় খেয়েছে।
আজ সে দু হাত মেলেছে খোলা পৃথিবীর সবুজ অরণ্যে।
মাঠ ভরা শূন্যতা নিঝুম সময় এঁকে বেঁকে চলা খাল,আর দু হাত ভরা স্বপ্ন।
এপার ওপার ঘষে কষ্টি পাথরে ঘষা কিছু ভালোবাসা।
আমি পথিক! আমি চলমান আকাশে সাদা বক,আমি স্থির দিগন্ত হারানো মাঠে রাখাল বালক।
ও ভালোবাসা খুঁজে যাও আমায় হয়তো দিন শেষে ছুঁতে পার।
আধুনিক পৃথিবীর শেষ ঘূর্ণনের গোধুলির সময় এসে যদি আদি পৃথিবীর শান্ত জলের ধারার শান্ত শব্দ খুঁজি অতি সহজে।
তবে নির্ঘাত মাথার ব্যামো হয়েছে বলে ধরে নেওয়া একান্তই অন্যায় নয়।
এই ভাবনা ভালো তবে দরজার সামনে পাতা ফাঁদের মতো,
কোনো অংশ বাঁধা পড়লে ছাড়াবার উপায় নেই।
আমার গ্রাম টা সে বাঁধন হারা নদী টা সে সারল্য স্বাধীন আছে হয়তো ঠিকি।
কিন্তু জন জীব মনষ্য প্রজাতী বিভক্ত ভাবনায় আলাদা আলাদা হলফনামা পেশ করেছে।
হিংস্র স্নেহহীন অল্প আগুনে বারুদের স্তুপ মনে।
কঠিন শব্দে লেখা হয়না গান কিন্তু গানে সরলতা উধাও।
নিরিবিলি বিচ্ছিন্নতা শান্ত ঝোপের আড়ালে কিছু অন্যায় নীরবে হয়ে চলেছে।
চাঁদ দেখে শান্ত ভাবে,চাঁদ ভালো সব দেখে কিছু বলে না তাই সবার প্রিয়।

বিষয়বস্তু

বিষয়বস্তু

বিষয়বস্তু

বিষয়বস্তু

ভূমিকা

কখনো যদি তোমার জলতরঙ্গে খেলা করতে হচ্ছে করে। কিংবা গুরু গম্ভীর মেঘের আড়ালে পেখম মেলে নাচতে ইচ্ছে করে, তবে তোমার জন্য আমার উপহার শব্দ তরঙ্গের ঝংকার।যে ঝংকারের ঝমঝম শব্দে তুমি কান পেতে শুনবে,তোমার প্রতি আমার প্রেমের পরাগ শুনতে পাবে।পরাগে ঝরে পড়া বিষাদ বা কখনো অভিমানে চোখের জল ওই জলতরঙ্গে শব্দ ঝংকার হয়ে বেজে উঠবে।তোমার সুন্দরের প্রতি পেখমে প্রিয় ভালোবাসা খুঁজে পাবে প্রিয় ময়ূরাক্ষী।বা খুঁজে পাবে কোনো স্বপ্ন নিয়ে এগিয়ে চলা কন্টক পথ অতিক্রম করে চিরে যাওয়া কোনো শ্রমিক।তাঁর প্রতি ঘামে প্রতি ফোঁটায় পরিবারের সুখ ঝরে পড়ে,অন্ন উঠে প্রিয়জনের মুখে।আবার কখনো প্রিয়জন হঠাৎ প্রয়োজন হয়ে ঝরে পড়ে।বা কোনো ঝরে পড়া বাদলে কিংবা তৃষ্ণার্থ দুপুরে পিচ গোলা রাস্তায় আন্দোলনে ব্যাস্ত একদল যুবকের স্বপ্নের ঠিকানা ময়ূরাক্ষী।কখনো শাসকের অত্যাচারে তীব্র নিন্দা ময়ূরাক্ষী।

1. চোখের ধারা

একটা ঘেরাটোপের বাইরে এসে যখন উন্মুক্ত আকাশের দিকে তাকালাম,
এক নিমেষে সরে গেল বহু পুরোনো শ্যাওলা জমা অবসাদের পর্দা খানা।
নিমেষে খুলে গেলো বাঁধা পাখনা খানা।
এতোদিন যে খাঁচায় ছিলো বন্দী লোহার গারদে শুধু মোচড় খেয়েছে।
আজ সে দু হাত মেলেছে খোলা পৃথিবীর সবুজ অরণ্যে।
মাঠ ভরা শূন্যতা নিঝুম সময় এঁকে বেঁকে চলা খাল,আর দু হাত ভরা স্বপ্ন।
এপার ওপার ঘষে কষ্টি পাথরে ঘষা কিছু ভালোবাসা।
আমি পথিক! আমি চলমান আকাশে সাদা বক,আমি স্থির দিগন্ত হারানো মাঠে রাখাল বালক।
ও ভালোবাসা খুঁজে যাও আমায় হয়তো দিন শেষে ছুঁতে পার।
আধুনিক পৃথিবীর শেষ ঘূর্ণনের গোধুলির সময় এসে যদি আদি পৃথিবীর শান্ত জলের ধারার শান্ত শব্দ খুঁজি অতি সহজে।
তবে নির্ঘাত মাথার ব্যামো হয়েছে বলে ধরে নেওয়া একান্তই অন্যায় নয়।
এই ভাবনা ভালো তবে দরজার সামনে পাতা ফাঁদের মতো,
কোনো অংশ বাঁধা পড়লে ছাড়াবার উপায় নেই।
আমার গ্রাম টা সে বাঁধন হারা নদী টা সে সারল্য স্বাধীন আছে হয়তো ঠিকি।
কিন্তু জন জীব মনষ্য প্রজাতী বিভক্ত ভাবনায় আলাদা আলাদা হলফনামা পেশ করেছে।
হিংস্র স্নেহহীন অল্প আগুনে বারুদের স্তুপ মনে।

কঠিন শব্দে লেখা হয়না গান কিন্তু গানে সরলতা উধাও।
নিরিবিলি বিচ্ছন্নতা শান্ত ঝোপের আড়ালে কিছু অন্যায় নীরবে হয়ে চলেছে।
চাঁদ দেখে শান্ত ভাবে,চাঁদ ভালো সব দেখে কিছু বলে না তাই সবার প্রিয়।

2. হাতের উপর হাত

এ সময়ে সভ্য বলে যা কিছুর উদ্ভব আছে,
তা ওই দরজার ফাঁকে যে সামান্য মুক্ত অংশ দেখা যায় ঠিক তাঁর মতো।
সভ্যের নামে এ বিরাট আলোক পৃথিবী তে অসভ্যের এক সমাজ তৈরি করে ফেলেছে।
আসলে এখন অসভ্যের মধ্যে থেকে সভ্য খোঁজা হয়।
যাঁরা খোঁজে তাঁরা একান্তই বোকা না হলে সমাজ থেকে অনেক টাই দূরে।
জলের উপর তেলের আস্তরণ মোটেই মিলন ভার রাখতে সম্ভব নয়।
তাই ওরাও ঠিক জলের উপর তেলের মতো।
সভ্য ও অসভ্যের বিচার করতে করতে নাম মাত্রিক সভ্য সমাজ থেকে ওরা ক্রমশ অসভ্যের আড়ালে লুকিয়েছে।
স্নেহ মানবতা এই শব্দ খানিক লোপ পেয়েছে।
ফলে জেতার নেশায় কে কাকে পিষে মারছে সভ্য সমাজের হুশ নেই।
আসলে সভ্য এর আড়ালে অসভ্যের সঙ্গে মিলিয়েছে হাত।

৩. তালের পাতায় লিখে যাব

ভোরের কচি দূর্বা ঘাসের শিশিরে আমার অস্তিত্ব।
দোয়েলের পায়ে পায়ে এ জীবন রেখেছি বন্দক।
এ আকাশ পরিবর্তনের মাঝে আমি সেই সেকালের আদিম উভচর।
আমার যাওয়া আসা সাদা বকের সরু লম্বা পায়ে পায়ে।
গোছানো এক রোখা জীবন আর চাইনা।
ও জীবনে হারাবার ভয় অনেক।
আমি অয়নের কোলে চাই বিশ্রাম।
আমি এই সীমাহীন অর্কের মাঝে চাই আশ্রয়।
আমি তালের পাতায় লিখে যাব এ সুন্দরের গল্প।
ধানের আগায় রব শুয়ে, শিরিষের ডালে দেখে যাব কাঠবিড়ালির খেলা।
আমার অফুরন্ত অবসর সময় আমি তোমাদের মাঝে দিতে চাই বনানী।
আমার প্রেম হয়ে থেকে যেও চাওয়ার কিছু নেই তোমার কাছে।
বাসনা হীন সাদা কন্ঠে তোমার ছোঁয়া নিয়ে যাব।
আমি চাতকের মতো অপেক্ষায় রব এক সাথে বটের ডালে।
সন্ধ্যের আলো তে খুঁজে যাব তোমায় লজ্জায় মুড়ে যাবে ছুঁয়ে দিলে।
এক শান্ত খালের ধারে এক দৃষ্টিতে চেয়ে দেখব জ্যোৎস্না রাতের চাঁদ টাকে।
কত বকুলের নীচে দেখে যাব কত আবছায়া ভালোবাসা।
সাদা মেঘের উপর নীল খামের ভেতর ঠিকানা হীন গল্প লিখব।
সরু পথ মিঠে পথ এলো মেলো বাঁকা পথের পারে সোনা রোদের লুকোচুরি।
পশ্চিমের বাতাসে দুলে যায় কচি ধান এলোমেলো রোদের ঝিকিমিকি।

আমি চিরজীবন চাই আশ্রয় এ সবুজ পাতার কোলে।

4. ভূমিকার প্রেম

একটা পুরোনো ঝোলানো কার্নিশ,
সবুজে ভরা কিছু পাতাবাহার।
হাত বাড়িয়ে নেমন্তন,ঝোলানো ব্যাগ রড কাটা সাইকেল।
বাঁকা হাসি আর চাওনি আবছায়া,
শুরুর শুরু আমার একলা দুপুরে।
কত দলবলে সেও একলা যেন চুপি চুপি হেঁটে যেত নিরালা দুপুরে।
আর সারাদিন রিমঝিম একা একা মনে হত।
দুপুরে ঘুম গেছে মিছে সে মিশে,নীল সাগরের নীলে।
থেকে থেকে মনে হত ঝোলানো কার্নিশে,বাধা ধরা পাগলে এর মিলন।
আর বেদনা হারানো ভূমিকার প্রেম যেন উপসংহারে মিলন খোঁজে।
কত দুপুরে একা কার্নিশে মনে হত মুখোমুখি আছি দুজনে।
আর পর্দা সরানো উঁকি,লজ্জা হারানো ছবি মিশে মিশে মেশে।
ডানা মেলা স্বপ্নেরে ছুটে ছুটে যায় সাগরের দিগন্তে উড়ে যায়।
আর অধরা ইচ্ছে গুলো লাল ফিতে এলোমেলো চোখ ভেসে আসে
চুল,মন হারিয়ে যায়।
নীরব চোখের ভাষা এক নিরালা নেশা কালোর কালি তে ঝরে ঝরে
যায়।
কখনও রং পেন্সিলে গোল গোল ঘুরে যায় তর্জনির ফাঁকে।
ছবি আঁকা চুপি চুপি কার্নিশে ঝুলে থাকে একটা শাড়িতে দুপুরের মন।
আর তুমি তুমি করে যায় মিলনে মিশে যায় এক অদূরে।
এক নিভৃত সন্ধ্যায় তুমি আমি মিলে যায় কার্নিশে ঝোলানো সেই
চাওয়া প্রেমে।
তারপর ঝরাঝরা বাদলে,মিলনের আদলে তুমি আমি মুখোমুখি।
আর সেই ঝোলা পাতাবাহারে সন্ধ্যা নামে বকুল তলে।

5. অবসরের সময় আসন্ন

জানি না এ জীবন কোন পথে চলেছে,
রঙে ভর্তি, তবে সব সাদা কালোয়।
জীবনের রঙিন রঙ সেও তো রামধনুর মত,কখনও আসে।
চলার পথে এক মুঠো কালো বালি তুলে নেই।
বালি নয় বালি নয় হয়তো এ জীবনের স্বপ্ন পড়ানো ছাই।
ছুটতে! ছুটতে! আকস্মিক খুঁজে পাওয়া বিশ্রামাগার।
হয়তো শেষ আস্ফালন,হয়তো এটাই শেষ আশ্রয়।
জীবনের সঞ্চয় এক মুঠো মাটি ,আবার কারো এক মুঠো কাঠ।
এটাই সঞ্চয়ে তো এতো দৌড় এত আয়োজন।
এত প্রয়োজন,এত প্রিয়জন এত আলোক বর্ষের খোঁজ।
এত রক্তে স্নান এত নিরুপায় লাশ হয়ে ফুটপাথে কাটানো।
মানুষ জীবনের থেকে ফুলের জীবন সুখের।
দীর্ঘস্থায়ী নয় ক্ষণস্থায়ী তবুও কিছু দিয়ে যায়।
কিছু হয়তো শিখিয়ে দিয়ে যায় দাম নয় নামের প্রয়োজন জীবনে।
আবার হয়তো নাম আসলে দাম এমনি আসে কড়া নেড়ে।
তবে এ জীবন তারা খোসা দেখে ফুলের নাম করে কাটিয়ে দিলাম।
ব্যালকনির লনে পা দিয়ে জীবনের অবসরের সময় আসন্ন গড়েছি।

6. গহীন অরণ্য

এক গহীন অরণ্যে চাপানত্বর নশ্বর আত্মার মাঝে বন্দী।
দিশাহীন দিকভ্রন্ত স্বপ্ন গুলো ফুটপাথে পিষে যায় যুবক হৃদয়ে।
না জানি আক্রোশে গলা টিপে ধরে রাজ পেয়াদা সত্য বচনের কারণে।
শ্বাস রুদ্ধ যন্ত্রণা গুলো দাগ বসায় গলায় পাট্টা বাঁধা পোষ্য।
আমি পারি নি লোভ্য ভালোবাসার মুক্ত লাভের ইচ্ছায়।
কতিপয় জীবন দিয়েছি ,তুমি শেয়াল রুপী ধূর্ত সাদা জীবন নিয়েছো পরিধান।
সত্য বলতে শিরদাঁড়ায় পড়েছে চাপ আসলে পিছু টান কর রাজার জয়গান।
আমি রাঙা রক্তশ্বাসী ছলনার আশ্রয় করি না ভয় ও দাঁতের আঘাত।
আমি সজোরে আঘাতে পৃষ্টদেশে নিয়েছি ভেঙেছে হাড়।
তবুও নয় শেকলের বাঁধনে আটকানো প্রতিবাদ।
আমি মুক্তি মঞ্চে দাঁড়িয়ে করি চিৎকার।
আমি ভাঙনে দাঁড়িয়ে দেই বুক পেতে শত আঘাত লাগে লাগুক।
আমি নয় ভীতু নয় দূর্বল।

7. যদি প্রতিস্থাপন করা যেত

আমি এক নরম,ভবিষ্যৎ হীন কিনারায় দাঁড়িয়ে।
এক প্রলয়ে বিনষ্ট করেছে এ গাঁ,এই পাড়।
এক রোখা স্নেহহীন জলের ঝাপটা আসে আর বিলয় করে দিয়ে যায়।
এখন মনে হয় নিয়মাতীত ছেলেবেলা বেশ ছিলো।
তখন অবশ্যি দস্যি পনায় এমন চিন্তার অসুখে ভুগতে হত না।
এক নিমেষে পা ফেলার শেষ অস্তিত্ব টুকু নিয়ে গেল।
দুটো ঢেউ পার করে ফেলেছি,হয়তো পার নয় বিলয় করেছি।
এখনো শেষ একটুকরো অদূর রক্ষা ভূমি উদ্ধার করতে পারি নি।
নদী গ্রাসে শেষ ছিন্ন বস্ত্র টুকু নিয়ে গেল।
অবশ্য আমিও চেষ্টা করি নি,হয়তো সচেতন হইনি।
আমি যদি সূর্য্য হতাম তবে এই ধ্বংসের প্রতিরোধ,আমি ধ্বংস করে করতাম।
খন্ডের এই জীবনে প্রলয় পেলাম,বিলয় পেলাম,বিধ্বস্ত হল সশরীরে।
কিন্তু কোন খন্ডে চাঁদের আলো আছে তা এখনো খুঁজে পাই নি।
কখনো মনে হয় আমি যদি হাওয়া হতাম!
তবে বোধহয় মেঘ বিলয় করে, রোদ তোমাকে আনতাম।
তবে সৃষ্টি স্বরূপ আমার উপর রাগ করত।
ছেলেবেলায় দু একবার রোদ ধরেছিলাম,কিন্তু ধরে রাখতে পারিনি বেশিক্ষন।
খুব দ্রুত ছেলেবেলাও বিলয় করে ফেলেছি।
এখন শুধু অপেক্ষা বিধ্বস্ত হওয়ার শেষ অপেক্ষায়।

৪. শামা

আশীবাদ কর হে প্রভু,
শঙ্খনিনাদে ভাঙে ঘুম,শঙ্খনিনাদে আঁধার নামে।
আঁধার ঘন মলিনতা মুছিয়ে দিক এই বর্তিকা।
আলোর শিখা ভরে উঠুক ভুবন,মনের কালিমা দিক মুছিয়ে।
কত বাসনা আছে ভবুনে পূর্ণ করো হে প্রভু।
তোমার দীপক আলোর শিখায় অন্ধজনের আলো দেখাক।
তোমার শিখা শামার আলোয় ভুবন মাথায় পড়ুক ঝরে।
লক্ষ্য আঁধার কাঁটার পথে শামার আলো দেখাক পথ।
রাতের আঁধারের মলিনতা বর্ম খানি দিক মুছিয়ে।
তোমার শিখার আলোর মাঝে আঁধার মুছিয়ে আনুক রবি।
ও কিরণে লক্ষ্য মনে জাগিয়ে দিক চেতনা।
বোবার মুখে আনুক ভাষা,চলার পথে শক্তি।
শামার আলো ঘোচাক আঁধার ফটুক ভাষা বোবা পৃথিবীর।

৭. তপ্ত হচ্ছে আকাশ

তপ্ত হচ্ছে আকাশ,ঝলসানো পূর্ণিমার আলো।
খসে পড়েছে মিটিমিটি জ্বলা তারা সারি।
দীপ্ত কন্ঠে চেয়ে মৃত জোনাকীর সে দল।
নির্বাক হয়েছে ভালোবাসা,চিরে আসা রক্ত স্নান।
নিভে আসছে অন্ধকার চিৎকারে গগনভেদী আহত হৃদয়।
টুকরো হচ্ছে জানো অহং এর দোলাগুলি।
জমাট বাঁধা কথার বাঁধন চাবুকের মতো নিয়েছে রূপ।
পিঠের উপর ফালাফালা রক্ত ভেসে বেড়ায়।
নির্দোষ প্রমাণে ব্যাস্ত এ রাত বাজবরণের কাঁটায়।
কত কাগজ লেখা হয় ব্যালকনির কোনে।
গড়ে যায় জল শিশিরে ঝরে যায় চোখে।
ঝাপটা আসে নির্বোধ চোখে ফোঁটা হয়ে গড়ে পড়ে।
স্তব্ধ শব্দ ভেসে আসে রাত পেঁচার ডাক।
চুরমার করে এই সময় ভালো ছিল না পাওয়া আশা!

10. তবুও তো মনে থাকবে

আমি এক পথের বাঁধনে বন্দী।
উন্মুক্ত,সহজ,খোলা মেলা কিন্তু দূর্বোধ্য।
আপন করেছি এ পথ নীরব মনে।
বাক্যালাভের প্রেম এক শান্তি আনে।
বহুবার পেছন ফিরে যেতে গিয়েও,ফিরে যেতে আর পারি নি।
এ যেনো এক মন হারানো প্রেমের বাঁধনে বন্দী।
ছাড়তে চাই না এই পথ,তবুও ভয় হয়।
এ পথের ভবিষ্যৎ এর কথা ভেবে।
শেষ পাব তো?আছে তো ঠিকানা?
নাকি বটের নীচে আগাছায় হবে রাত্রিযাপন!
যদিও বটের নীচে আগাছা তাঁর আছে পরিচয়।
এ পথ ভালোবাসে আমায় সুযোগে পরিত্যাগ করে না সঙ্গ।
এ পথ যদি হয় বিষ,তবুও আমি নীলকন্ঠ।
ধারণ করবো হৃদয়ে,মুখে মুক্ত ঝরা হাসি।
পরিত্রাণে না হয় সুখ,পরিচয় না হয় শেষ অস্তরাগে ঘটবে।
তবুও তো মনে থাকবে!

11. আমার প্রার্থনা শোনো

হে বিশ্ব ধরণী ধরাতলে,ধরিত্রি মাতা হে জননী।
আমার প্রার্থনা শোনো হে মহামানবের মান্যবর।
আমার পত্রের দাও জবাব,আমরা অসহায়।
ভাষাহীন মুখে হতাশা,নির্বাক কন্ঠ হে ধরিত্রি।
প্রতিদিনের সূর্য্য উঠে লাল রক্ত গগনে,আমরা স্তম্ভিত।
হে মানব বাসিনী,শ্বাস হয়েছে নিস্তব্ধ মরণে।
মহামারী যন্ত্রণা মানবজাতী বিপন্ন,উদার হে!
নীরব গাছের পাতা,সাহসহীন চোখ মৃতপ্রায়।
অস্তিত্ব হীন মানবজাতি ধ্বংসামুখে প্রান্তরে দাঁড়িয়ে।
কম্পহীন শ্বাস ,হাওয়া হয়েছে বন্ধ,ইতিহাসে দাঁড়িয়ে সেদিন।
দুঃশাসনের অত্যাচারে কাঁপিয়ে তোলে ধরণী।
কল্পিত স্বপ্ন ছিঁড়েছে পাতা, নিঃশ্বাস বন্ধ পৃথিবী তোমার আয়ু।
নতুন রূপে বাঁচাও তুমি,আরেকবার শ্বাস নিক জীবন।
এ মৌনতা নিভে যাক,আগুনের সারি আর পারি না দেখতে।
ধ্বংসের প্রান্তরে দাঁড়িয়ে সেই চিত্ত হাহাকার।
তবে কি দিনবদলের সময় অবসন্ন!
ইতিহাস হবে নাকি এ যুগ!
হে ধরণী দাও শক্তি,উদ্দ্যোম চিত্তে ছুটে যাই জয়প্রতাকা হাতে।
এসো হে নতুন দিন,দিনবদলের মুক্ত সময় দাও হে জননী।
দাও হে নতুনের জন্ম দাও হে মানবী।

12. এখন তবে ছুটি

আবছা হচ্ছে আকাশ,কালো মেঘে ঢেকেছে আমার চারিদিক।
লাল সূর্যের রক্তিম আভা ছড়িয়ে পড়লো আমার মাঠের চারিদিক।
স্তব্ধ বাতাস নড়চড়া বন্ধ হয়েছে ঝাউবনের ডালে।
সকাল হতে আপনজনের আনাগোনা উঠোনের মাঝে।
এবার বুঝি হয়েছে সময় ছুটি হওয়ার পালা।
আবার তবে আসব ফিরে,চাতক বসা গাছের ডালে।
কখনো বা নিঝুম রাতে পেঁচা হয়ে আমের পল্লবে বা বটের ডালে।
এবার তবে আসি ছুটি পাওয়ার হয়েছে সময় গোছানোর অনেক
বাকি।
আবার তবে আসব ফিরে সন্ধ্যেবেলায় সন্ধ্যেদ্বীপে।
মায়ের হাতে ছোঁয়া নেব ভরবে মন থাকলে অভাব।

13. এই পঁচিশে বৈশাখ

আবার এলো বছর পরে, পঁচিশে বৈশাখ।
রক্তস্নান অব্যাহতি হোক,ফিরে আসুক শান্তি গাছের পাতায়।
তোমার ভাষায় হোক বিশ্লেষণ,ঝরে পড়ুক মূর্খতার মাঝে।
কাঁপা কাঁপা হাতে দিনবদলের জয়গান লেখা হোক।
ভাঙুক সব মৌনতা,প্রতিবাদের তপ্ত আগুনে ঝরে পড়ুক।
ভাষায় চয়ন অভিভাবক হীন,হীনমন্যতায় ভুগছে দেখো চেয়ে।
এই পঁচিশে বৈশাখ আনুক শান্তির বারি অঝোরে।
পোড়ানো দেখো গাছের পাতা,লেখা আছে ভবিষ্যৎ সেই সেদিনের।
সেদিন মানতে চাইনি যাঁরা সে পত্রবলী।
আজ মেনেছে দেখো চেয়ে চোখ মেলে।
ভাষা রা হয়েছে নির্বোধ,গল্প পাইনি বাস্তবতা।
একরাশ কালি দিয়ে লেখা হয়েছে পত্রবলী।
রক্তে ভরেছে দেওয়াল গুলি,চিৎকার হয়েছে তীব্র।
লেখার বিচার অধরা হয়তো তুমি রয়েছো থেমে।
আজ মুচলেখা লেখা হয় অর্থের কাছে বিক্রিত কলম।
কালির অভাব, রক্ত দিয়ে আঁকা হয় অন্যায়ের পটচিত্র।
স্তব্ধ শান্তিনিকেতন,শান্তি হয়েছে ক্ষুন্ন পত্রলেখা খসে খসে যায়।
আজ বিস্ফোরিত গগন,ভেবেছিলাম তুমি আসবে।
ধরবে কলম লিখবে সে শান্তির অমৃত বাণী।
ঘটে যাবে এক যুগ নড়ে উঠবে পশ্চিমের বাতাসখানি।
গগনভেদী চিৎকার থামাবে,ডাকবে স্নেহভরে।
তোমার সাধারণ মেয়ে আজও খুঁজে চলেছে অধরা ভালোবাসা।
ছোবলে অমানুষী নিথর দেহ পড়ে,তোমার সাধারণ মেয়ের।
এই পঁচিশে বৈশাখ আনুক শান্তির বারি অঝোরে।

14. ত্রাহি ত্রাহি রব

দেখ চেয়ে প্রস্তাবিত খন্ড উন্মুক্ত বালুচরে নিশানা চরিত্র গিয়েছে গ্রাসে।
ত্রাহি ত্রাহি রব ধ্বংস লীলার ত্রাসে।
মাদং বাজিছে ছন্ন ছাড়া উন্মুক্ত কণা অবর্জনায় খুঁজে জীবন সুধার রাস।
ত্রাহি ত্রাহি রব অহংকার অটুটের ত্রাস।
একি বন্ধন একি মায়া মিথ্যাপাশে বাঁধা বর্ণপরিচয় হয়েছে নাশ।
ত্রাহি ত্রাহি রব মিথ্যাচারের বিদৃর্ণ ত্রাস।
ডাক্তারের চেয়ারে কত ডাকাত বসে,জীবন মারে কসাই এর মত।
চুপ চুপ চুপ নিশ্চুপ জনগন,মানুষ রুপী পোকা আর শতশত।
ত্রাহি ত্রাহি রব সাহস রয়েছে কবরখানায়।
জোর জোর আর জবরদখল বিবেক বুদ্ধি আটকাখানায়।
লুটপাট আর হুটহাট ভাঙে সব মাথায় পড়ে কুঠার।
পাইনি শিশু,বুড়ো আর বুড়ি বোনেরা পাইনি নিস্তার।
ত্রাহি ত্রাহি রব আগুন জ্বলে অগ্নি উৎপাতের কারখানায়।
ভাঙে ভাঙে মানবতা হিংসা মানবতা ধর্মের দরজা আটকায়।
ত্রাহি ত্রাহি রব আসে ওই দানব, ভাঙে ঘর টুকরো করে মানবতা।
চরিত্র বিকিয়ে দানবের রক্তে একি সব দেখায় বরর্বতা।
ত্রাহি ত্রাহি রব থমকে ভীতু দরজার ফাঁকে।
আসে দেখ ওই অশ্বারোহী মৃত্যুরচনা আঁকে।

15. আমার ধান ক্ষেতের মাঝে

সন্ধ্যে নেমেছে,তুলসি তলে জ্বলছে প্রদীপ।
নিভন্ত নিস্তব্ধতা জনশূন্য আমার ধান ক্ষেতের মাঝে।
আকাশে চাঁদ দীর্ঘ প্রতিক্ষায় যেন ঘুম চোখে,ঝোপের আড়ালে আলোরন।
শান্ত শীতল হাওয়া আরামে দুলিয়ে দেয় ধানের গাছ গুলোতে।
এ এক নিস্তব্ধতা,মিটিমিটি তারা জ্বলে আর নিভে যায়।
আমার ধানের ক্ষেত সমুদ্র ঢেউ এর মতো দুলে যায়।
গত ঝড়ে মৃত শিরিষের ডালে দুটো পেঁচা বসে।
কর্কশ কণ্ঠে ডেকে যায়,যেন কত শতাব্দী ধরে আসীন!
বাদুড়ের আনাগোনা নিস্তব্ধ বটের ডালে।
কুলুকুলু খালের জলে তখনও মাছে দের আনাগোনা।
অস্পষ্ট শোনা যায় শিয়ালের ডাক,ঘাস ফড়িং এর আনাগোনা।
খসখসিয়ে উঠে কচি আমের পল্লব গুলো,না জানি ও কিসের হাঁটাচলা।
কোলাহল দিনের এ এক শান্তি আর ভাবার কত আছে অপূর্ণতা।
বসে থাকা ঘাসের উপর, নিঙড়ানো কচি ঘাসের রস।
এদিক ওদিক ছুটে যায় গেছো ইঁদুরের দল।
দূর থেকে গন্ধ আসে নীরবে স্বপ্ন পোড়ানো গন্ধ।
শ্মশানের দাউ দাউ করে জ্বলে উঠা আগুন,
পরিশ্রমের কিছুদিন সুখ পাওয়ার আগেই শেষ।
গন্ধ আসে গোবোরের,সুর ভাসে রাখালের বাঁশি।
আমি রেখেছি মাথা ধানের কোলে,শান্তি আসে মনে।

16. চারু

আমার একটা পদ্মপুকুর ছিল!
রোজ বিকেলে পাড়ে গিয়ে বসতাম!
গোল সবুজ চিকন পাতা গুলো যেন বিশাল ভোজের আয়োজন।
নিরিবিলি আর কিছু কোকিলের ডাক এখানে।
রোজ বাতাবী লেবুর গাছের ডালে বসে ডেকে যেত।
পাশের বড়ো ছায়া ভরা আম গাছ টা নতুন কচি পাতায় নতুন সভার ডাক দিত।
সেখানে বসে চাতক ডেকে যেত জলের আশায়।
নিচে কালো জলে ও চারুর আবির্ভাব।
কত শত প্রাণ উজ্জীবিত সতেজ রবির সাথে।
সব বাঁধন মুক্ত করে ও যেন প্রাণ ফোটায় আমার দেহে।
এত প্রাণবন্ত ,এত উচ্ছসিত এত হাসি ঝরে পড়ে কালো জলে?
জীবন সেও তো একদিনের,বৃন্ত ছিঁড়ে দেবতার পায়ে!
নয়তো অন্য কোথায় তাচ্ছিল্য ভরা হাসির জীবন।
আমার একটা পদ্মপুকুর ছিলো!
রোজ আসতাম, শান্ত তবে প্রাণ দিত ঢেলে।
কত কবিতা লিখেছি পদ্ম তোমায় দেখে।
হিসেব চাওনি তুমি,তুমি মহান।
তবে জীবন হিসেব চায়,
জীবন সুদকষা অঙ্কে বারবার শতকরা'র হিসেব চায়।
তুমি ভালো ,হিসেবে জীবন নয় জীবন পারের জীবনে করো বিশ্বাস।
আমার একটা বাগান ছিলো,
রক্তজবার বাগান।
লোকে হাসে,তাচ্ছিল্য করে।

আমার রক্ত আর জবা দুটোয় ভালো লাগে।
রক্ত জাতপাতের সংমিশ্রণে মিশিয়ে একটা আবিস্কার করতে চাই!
যেখানে রক্তের রঙ আলাদা কিছু আসে কিনা সেটাই দেখার।
আর জবা আমার বেশ প্রিয়,
লাল তবে গন্ধহীন,সুন্দর তবে সবার মাঝে কিছুটা অপ্রাসঙ্গিক।
খানিক আমার এই ভবঘুরে জীবনের সঙ্গে মিলে যায়।
আছি সবার মাঝে, হয়তো নেই।
আমার একটা বাগান ছিলো,
ফণিমনসা'র বাগান।
আসলে এও আমার প্রিয়।
কাঁটাই তো জীবনে ,
তাই সব কাঁটা এবার থেকে ওকে দেব ঠিক করেছি।
আর বলে দেব আঁচড়ে যেন হয় রক্তপাত।
যারা বলে তাঁরা "কাঁটা দিয়ে কাঁটা তোলে"।
তাদের কাছে হয়তো কাঁটার সংগ্রহ অনেক।
হয়তো রয়েছে কাঁটার রঙিন সমাহার।
যদি ভাবনা আসে তবে বলবো,প্রেম যেন আনে ডেকে।
আর যদি প্রেম আসে তবে যেন কাঁটা ভরা বিরহ আনে।
আমার সুখভরা প্রেম ভয় করে,হাঁপিয়ে উঠে কম্পিত হতে থাকে সারা শরীর।
আমি কন্টক বাগান ভালোবাসি,তাই ফনিমনসা রেখেছি সাথে।
আমার একটা নদী ছিলো!
কদিন আগে দিক করেছে পরিবর্তন।
আর স্রোত আসে না এই পথে।
উপহার দিয়ে গেছে আমাকে,
শুকনো কয়েকটি কাঁকর,বিছিয়েছে রাস্তাময়।
যে তীব্র ফোনায় ছুটে যেত,সে এখন নীরব।
নেই কোনো শব্দ নেই কোলাহল,চুপ রয়েছে।
উপহার গুলো আমি সযত্নে দিয়েছি রেখে।

সেও তো আমার নদীর দেওয়া।
নদী তোমাকেও নিয়েও কত কবিতা লিখেছি!
তোমার মনে আছে?
অনেক স্নেহ ছিলো, নরম ছিলো,
এখন শক্ত কাঁকরে কঠিন হয়েছে কবিতা গুলো।
শুধু বিষন্নতা।
আমার একটা বানি গাছের সমাহার ছিল!
আমার নীড়ের পাশে,বিদ্যাধরীর পাড়ে।
রোজ দুপুরে সেখানে গিয়ে বসতাম।
সারি সারি সাজানো ঠিক ইছামতী আর বিদ্যাধরীর মিলনের পাড়ে।
রোজ দুপুরে যখন বসতাম,মাঝির গান ভেসে আসত।
কোথাও জেলে দের মনোনিবেশ,কাক আসে উড়ে।
কোনো এক কোনে আমি প্রেম! আমি তোমার জন্য লিখতাম।
আমি বিদ্যাধরী কে বলতাম নোনার ভান্ডার,
আমি তোমায় ভালোবাসি।
আমার বানির সমাহার বিদ্যার অলঙ্কার,
আমি ভালোবাসি তোমাকে।

17. নোনা মাটির বাড়ি

আমি শান্তির নীড় খুঁজে পেয়েছি,
আমি অশান্ত ঢেউ এ অদ্ভুৎ শান্তি অনুভব করেছি।
আমি এক পূর্ণিমা রাতে কচি বটের ডালে, লক্ষী প্যাঁচার উপস্থিত অনুভব করেছি।
আমার নোনা নদীর পাড়,ঝুরঝুরে মাটি।
যদি শত জনম জন্ম পাই,তবে এই নোনার আশ্রয়ে,কলধ্বনি শুনতে দিও।
আমি পরিচিত নোনা ঘাসের স্নিগ্ধতা অনুভব করতে চাই।
আমার নীড় বিদ্যাধরীর পাড়ে,নোনা মাটি দিয়ে গড়া।
কঠিন কর্মে কঠিন রবির আলোয় ঝলসে যাওয়া শরীর,
শরীর নিঙড়ে বেরিয়ে আসে নোনা জলের ওই ধারা।
সে কর্ম দিয়ে ওই নীড় গড়া আমার।
যে ধারা নীরব একলা পাড়ে ঝরে পড়ে,আমিও তার স্বাদ নিয়েছি।
নোনাজল!
জীর্ণ দেহ ঝুরঝুরে যায় আমার নোনা মাটির বাড়ি।
অমাবস্যার কালো ঘন কুচকুচে অন্ধকারে এই নীরবতা অনুভব করি।
বিদ্যাধরী তোমার বয়ে চলার সুর অপরূপ সুন্দর।
মাঝে মাঝে মনে হয় যেন মানুষ না হয়ে তোমার জলের ধারা হলে বোধহয় ভালো হতো!
কোনোদিন হয়তো আবদার বড়ো করবো তোর কাছে।
হয়তো কঠিন হবে সে আবদার তোর কাছে,
ভাঙিস না আমার নোনা মাটির নীড়।
এই নীড়ে বসে ঝরে পড়া নোনা ধুলোর উপর সুখের স্ফিতী অনুভব করেছি।

এই নীড়ের প্রাঙ্গনে বসে আমি কত সময় বকে দের খেলা দেখেছি।
এই নীড়ে খড় দেওয়া ছাউনিতে বসে আমি কাক শালিখের ঝগড়া দেখেছি।
কত সময় নিস্তব্ধ রাতে মাঝির বাউলে হারিয়েছি মন।
কত মৌমাছির গুনগুনে শব্দ শুনেছি।
কত সন্ধ্যেবেলা নোনা মাটির প্রদীপ তোমার জলে ভাসিয়েছি।
কত চোখের নোনাজলে এই নোনামাটি মাখামাখি করেছি।
ধুলো হয়ে ঝরে চলেছে আমার নোনা মাটির ঘর,
নদীরে তুই ভাঙিস না আমার ঘর।

১৪. সেদিনের বেকার যুবক

এক নিষিদ্ধ সময়ের যন্ত্রণায় ছটফট করছি।
এক শান্ত মিষ্টি আঘাতে চিরে চলেছে এ শরীর।
এক ফোঁটা অ্যাসিডে মন রূপী মাংস হয়েছে গলিত।
বসন্তে ঝরে পড়া ডালের মতো হাড় রূপ।
পরিস্ফুটিত হওয়ার আগে কুঁড়ি হয়ে ঝরে চলেছে বারংবার।
বারংবার ঝুলে পড়ে প্রলয় ঝড়ে ভেঙে পড়া গাছের ডাল মুখের উপর।
এক নিষিদ্ধ গলির নিষিদ্ধ ল্যাম্পপোষ্টের আলো ঝিমধরা।
নগ্নতার ছড়াছড়ি নিষিদ্ধ মনের অন্দরে।
বিষাক্ত চরাচর বিষ পানে নিমজ্জিত আঠারো বছর।
অবাধ্য ব্যাভিচার নিরাময় নেই কিছুতেই।
কোলাহল শহরে চটি পরা ছেঁড়া প্যান্ট হেঁটে চলে কত বেকার।
আমিও একজন, বস্তাবাঁধা রক্ত উঠা কত ডিগ্রি পেপার।
আমি বাঁধা নিষিদ্ধ সময়ের সুতো তে।
আমিও উক্তি দিতে পারি খোলা মঞ্চে, হাস্যকর!
সেও তো এক নিষিদ্ধ সিস্টেম আর নিষিদ্ধ উক্তি,মিছে কোলাহল।
আমিও ম্যাকানিক ঠুকঠাক ঠুকে যাই শব্দ ঝংকারে।
তারপর হতাশা এক রাশ নিরাশা আর দুটি হাত নীল গগনে।
একটা পেপার বুক বাঁধা ,ছেঁড়া ব্যাগেতে আর ভাঙা সাইকেলে রাস্তা পারাপার।
দুপ করে ছুটে আসে আধুনিক সে গাড়ি।
ছিটকে পড়ে কাঁচা রক্ত আর সেদিনের বেকার যুবক।

19. গুরত্ব হীন জীবন

স্বাধীনতা পাওয়ার আনন্দে মত্ত গোটা দেশ।
নিয়ম বন্ধনে তথাকথিত স্বাধীনতা এক শ্রেণীর মানুষের কাছে।
ত্রিবর্ণ রঞ্জিত কাপড়ের টুকরো উড়ছে ভারতবর্ষের বুকের উপর।
স্বাধীনতা পেরিয়েছে কত গুলো বছর,কাল নদী পেরিয়ে এখন অথই সাগরে।
টলমলে পায়ে গভীর রাতে পার্কস্ট্রিট এর রাস্তায় উন্মত্ত স্বাধীনতা।
বিশৃঙ্খলা জটলায় উড়ছে টাকা,শুধু টাকা স্বাধীনতা উড়ছে।
এক শ্রেণী বেড়ী মুক্ত আমরা আদলে গড়েছি সব কিছু।
নষ্ট করা খাবার নর্দমায় দেব বির্সজন।
নিস্পাপ মুখ গুলো তখন তাকিয়ে একরাশ হতাশা নিয়ে।
দিয়ে দিলো? ওরা ফেলে দিলো নর্দমার জলে?
যাক গে! আমি তুলে নেই কি আর এমন হবে? ক্ষিদে তো মরবে।
সেদিন ধাপার মাঠের পাশে নোংরার স্তুপে কি যেন একটা খুঁজছে!
কি খুঁজছো ওটার মধ্যে?
"এক টুকরো খাবার,রাস্তায় শুয়ে দু বছরের বাচ্চা"
তিন দিন অভুক্ত তাই একটু!
থমকে গেল শরীর,অথচ সেদিন গাদাগাদা খাবার পড়ে ছিলো নর্দমার ধারে।
নুন হয়েছে তাই নষ্ট।
আর আজ ..!
আমরা স্বাধীন আমার নিজের পায়ে দাঁড়াতে শিখেছি,দেশ দাঁড়াতে শিখেছে।
আজ আমরা আনন্দিত,
তখন ফুটপাথে পড়ে একরাশ হতাশা মুখে,একটু ভাত চাই!

নাহ্ একটুকরো পড়া রুটি হবে?
ওদের ওই চোখে ধরা পড়ে সেদিনের ইতিহাস।
স্বাধীনতা পাওয়ার প্রথম দিন,তবে কি এই স্বাধীনতার মুচলেখা মিলেছিলো?
তবে কি ? এই দেখার আশায় রক্ত দিয়ে ধুয়েছিলো ভারত মন্দির?
নাকি স্টেন গানের বন্দুকে কোনো এক জঙ্গলে নিথর হয়েছিলো শরীর?
প্রশ্ন টা হয়তো থেকেই যাবে হৃদয়ে।
ও পথের ধারে পড়ে থাকা উপকারী আগাছা,ও গুরত্ব হীন জীবন।
আমিও তোমার সঙ্গে,

20. অবসাদ

এত কোলাহলেও আমি শুনতে পাচ্ছি নিস্তব্ধ পৃথিবীর ঝিঁ ঝিঁ পোকার ডাক।
আমার শহর নিঝুম রয়েছে যেন,নিরাশার কুয়াশায় ঢাকা।
আমার গ্রামে প্রদীপ নিভেছে,গন্ধ আসছে সলতে নেভানোর।
উত্তপ্ত মরুভূমির বালি হাওয়া হীন দুপুরে উড়ে চলেছে,উল্কা ঝরার মতো।
অন্ধকার নেমেছে বিস্তৃর্ণ সম্মুখ জুড়ে,চাঁদের আলো মুখ ফিরিয়েছে আমার থেকে।
আকষ্মিক আস্ফালন নিরশা চোখে,
এক বিষণ্ণ অবসাদ আভাস পেয়েছে মনে,থমকে কতকাল।
কেমন থমকে রয়েছে সব ঘুরন্ত পৃথিবীর কোলে শুয়ে।
নির্বাক স্পন্দন শোনা যায় শ্বাসের শব্দ ফড়ফড়িয়ে।
ছোট্ট স্বপ্ন গুলো আর কাগজের টুকরো শিক্ষিত হওয়ার প্রমাণ কেমন গুটিয়ে নিয়েছে।
একলা অবসাদ ..যেন নিদ্রা গিয়েছে চিরজনম।আমি ব্যার্থতা অনুভব করি।
আমি পাইনি পরিচিতি নামের পাখনা, আমার সৃষ্টিতে।
বটের পাতায় নিরালা কাটছে দুপুর,চুপচাপ ঝরে যায় পাতা।
আসেনি চিঠি,
আসেনি চিঠি সেও মুখ লুকিয়েছে,না হলে পড়ে আছে পরিত্যক্ত ডাকবাক্সে।
হয়তো পরিচয় ওখানে আটকে,নয়তো কিছু ঘৃণা লিখেছিল কিছু কবি।
হয়তো আগামী লেখা ছিলো সে চিঠির ভাষায়,হয়তো ডানা ছাঁটা কিছু কথা।

সেও এখন ঠিক মতো কথা বলে না,হয়তো অবসাদের ছোঁয়াচে ভয়ে।
যদি অবসাদের ঠিকানা হীন স্বপ্ন ভঙ্গের একাকীত্ব পরিচর্যার ভয়।
স্ট্রিট লাইটের আলোয় পরিস্কার দেখা যায়,একটা ছায়া।
চিৎকার করে বলে যেন কেও শোনে না,হয়তো শুনেও শোনে না।
চুপ! চুপ! চুপ!
"আমি শ্বান্তনা,আমি তোকে শ্বান্তনা দিচ্ছি সব ঠিক হয়ে যাবে,ভাবিস না কিচ্ছুই"
হতভাগ দাঁড়িয়ে দূরে যাচ্ছে শব্দ,
না! না! শব্দ নয় শব্দ নয় অবসাদে থাকা জীবনের কিচ্ছুটা বাঁচার রসদ।
সব চুপ সব চুপ কিচ্ছু নেই কিচ্ছু নেই।
আছে কেবল হতাশা,অবসাদের এক রাশ মালা দারুন সুগন্ধে।
হয়তো আমিও একদিন শক্ত হব,দাঁড়িয়ে পড়ব ওই সুনামি মুখর সাগরের ঢেউ এর সামনে।
তীব্র শক্তি দিয়ে আমার উপর আঘাত হানবে,আমি শক্ত পাথর হয়ে ভেঙে টুকরো করবো ওই ওর অহংকার।

21. অনেক সময় এখন

অনেক সময় এখন,
কিছু বলার মতো কথার গল্প জমেছে মনে।
উপচে পড়া ভীড়ের মতো জমেছে ব্যাথা।
আমি উন্মুক্ত করতে চাই সব গল্পের পাতা।
এখন অনেক সময়,
কিছু বলার ভাষা আছে পরিমান মতো।
শোনার মিছিলের অপেক্ষা।
হাজার মানুষের অপেক্ষায়,ধুলোর উপর।
এখন অনেক সময়,
পথের উপর বসে কিছুকাল।
নিরিবিলি তে কত শব্দ খেলা করে।
এসো পথিক তোমায় শোনায় এ শব্দের গল্পখানি।
অনেক সময় এখন,
আরাম কেদারায় বসে কথার মালা বুনেছি।
সে জন লুকিয়েছে পাহাড়ের কোলে গোধুলি বেলায়।
এখনো অপেক্ষায়,মালা খানি হাতে।
অনেক সময় এখন,
সবে মাত্র নোঙর ফেলেছে চরে।
এখনো অনেক ভাঁটা নামা বাকি।
কথার চরে তোমার দেখা পাব আমি জানি।
অনেক সময় এখন,
বই এর পাতায় লেখা শেষ কবিতাখানি।
শোনাবো তোমায় শেষ রাতের স্বপ্নে।
দু চোখ জুড়ে তোমার রঙিন প্রজাপতি।

অনেক সময় এখন,
অস্ত যাওয়া রবির আর্তনাদ শুনতে পাই পশ্চিমে।
আগামী নাকি ভবিষ্যৎ এর কালো রাত্রির চিৎকার।
আমি কর গুনে হিসেব কষি আর কতদিন।
অনেক সময় এখন,
কুৎসিত একটা সময় অগ্রসর।
কম্পিত পায়ের শব্দে তখনো দেখছি ভোরের আলো।
আবচ্ছায়া তৃষ্ণিত গল্প লেখন বাকি।

22. এ বসুন্ধরা ক্রন্দনরতা

এ বসুন্ধরা ক্রন্দনরতা দিবানিশি।
লাল রঙে সাদা বস্ত্র রক্ত জবার মতো আঁচড় কাটছে শরীরে।
সন্ধ্যের লতার আড়ালে লুকিয়ে নিশি দানবের আড্ডাখানা।
ভয়াবহ কাটাকুটি খেলা জানালার সামনে।
একটা পাতার আড়ালে একটা মৃত্যু লেখা দাঁড়িয়ে বারুদ হাতে।
এ কোন হিংসা? এ বসুন্ধরা?
এ কোন পাটাতনে এ কার ছিন্ন শরীর শুয়ে ?
কোন রক্তে লিখেছে নাম?
এ কোন হিসেব কর কষে?
এ কোন ভাতৃত্বের পরিচয় দু নলা বন্দুকের সামনে?
সবাই দেখ চেয়ে বসুন্ধরা ক্রন্দনরতা।
চেয়ে দেখ কি পরিমান জলের ঢেউ ও চোখে।
এ জলে ধ্বংসের আগমনে বয়ে চলেছে।
হয়তো আগামী এ জলের ধারায় লেখা হবে।

23. আকুল আকাঙ্খী

আজকাল মনে হয় ভারতবর্ষ ভালো নেই।
মনে হয় ভালো নেই ভারতবর্ষের মানুষ গুলো।
কঠিন হিংসা দূরারোগ্যে ভুগছে ভারতবর্ষের জনমানব।
তৃষ্ণার্থ তৃষ্ণার্থ সব রক্ত পিপাসায় কন্ঠস্থ লাল।
চৌচির ভারতভূমি কতকাল আকুল আকাঙ্খী।
কতকাল অপেক্ষায় একটু সুন্দর বৃষ্টির।
একটু শান্তি ঝরা বৃষ্টি ঝরে পড়ুক অঝোর ঝরে।
কিন্তু এ যে দুটো নদী, দুজনেই উন্মাদ।
দুজনেই তৃষ্ণা মেটাতেই ব্যার্থ।
একজন মিঠে হলেও কি হবে অপর নদী সে তো নোনা।
সঙ্গম যে এক স্থানে ভারতবর্ষের বুকে।
তাই মেলে না দুজন।
রোজ কিছু কারণে ঝরে যায় রক্ত,মাথা ফাটে।
শীতের রাতে আগুন জ্বলে ঘরে।
তবুও তৃষ্ণা মেটাতে ব্যার্থ।
রোজ দুবেলা চুলোচুলি বাঁধে,রোজ পাড়ার মোড়ে রক্তাম্ব হয়।
এতো কিছুর পর তবুও যেন এ এক গভীর পিপাসা।
এ এক পুনর্জীবিত তৃষ্ণা,এ যেন এক সমুদ্র।
এত হিংসা এত অশান্ত এত উদগ্রেব না না না,
আমার ভারতবর্ষ ভালো নেই।
রোজ দেখা হয় যে তিন মাথার মোড়ে।
আজ সেখানে নিষেধাজ্ঞা জারি হয়েছে।
সেদিন রাতে টুঁটি টিপে ধরেছে ভাতৃত্ব বোধের।
হত্যা হয়েছে বন্ধুত্বের সম্পর্কে পড়েছে সন্দেহ।

তারপর সেকি তৃষ্ণা সেকি উন্মাদ পাগলের মতো ছোটছুটি।
অবাধ্য পশুর মতো অবাধে চলছে লাঠিখেলা।
রক্ত বয়ে চলেছে নালা দিয়ে।
মিলিয়ে ছিলাম সেটা কার কোন বন্ধুর রক্ত।
মেলেনি মেলেনি আমি পারি নি মেলাতে কার রক্ত কোনটা।
কিন্তু সেদিন দেখছিলাম তৃষ্ণার্থের তেজ কি ভয়ানক।
নাহ আমার ভারতবর্ষ ভালো নেই।
ভালো নেই আমার ভারতবর্ষের মানুষগুলো।
খুন হয়েছে মানবতার,
আমার ভারতবর্ষ ভালো নেই।

24. চির সুন্দর

আমার এই জীবন বকুল ফুলের মালায় গাঁথা।
কত জুঁই ফুল কুড়িয়ে এনেছি তোমাকে দেব বলে।
ধুলো ভরা মেঠো পথ মাঠ ফুঁড়ে গিয়েছে হাটের দিকে।
দুর থেকে দেখা যায় গুটি কয়েক তালগাছ যেন আকাশ ফুঁড়েছে।
এখন পৌষের আগমন তাই চারিদিকে শুকনো কাদা আছে মিছিমিছি।
বকেরা আসে খোঁজে দেখে কিছু আছে কিনা।
যে মাঠে রোজ আমারা গলা,কুসুম কিংবা লুকোচুরি তে বিভোর থাকতাম।
সেখানে এখন এসে বসে কিছু অপেক্ষারত জীবন।
মাঠ ভরা গরু ,বাগান ভরা ছাগল আর পাখিদের আনাগোনা।
খেজুর গাছের সারি কুলেদের মেলা আমার গ্রাম জুড়ে।
সন্ধ্যের প্রদীপ শিখা তুলসী তলে শাঁখের আওয়াজ।
আহ এ আমার গ্রাম চির সবুজ বনানী।
চির সুন্দর, চির কুমার, চির প্রিয়, বাগিচায় মিলন মেলা।
চির প্রেম অনন্ত মাঠের কিনারায় শেষ গোধুলির আলোর সঙ্গে।
মিছিমিছি লুকোচুরি তেতুলতলে,পেয়ারা গাছের ডালে আশ্রয়।
আঁকা বাঁকা পথের পাশে নোনা খালের গা বেয়ে সারি বাঁধা বানী গাছ।
আমার গ্রামে নোনা ধুলো অঙ্গে মাখানো চিরজীবন।
কুলুকুলু বয়ে গেছে বিদ্যাধরী চির শান্তি ও পাড়ে।
কত প্রিয় কত শান্ত এ জলধারা কত ইতিহাস লেখা এ জলের ধারে।

25. আমি এখন অনেক দূরে

এখন অনেক দূর,
হাওয়া করেছে দিক পরিবর্তন।
ফিরে গেছে কিছু ক্লান্তি কিছু রোদ মাখা স্মৃতি কিছু অসময়ের গান।
এখন এখানে আছে শুধু অবসর।
আমি আছি তোমার থেকে এখন অনেকদূরে।
হাত বাড়িও না আর,
এখন আমি অনেক দূরে।
অনেক শূন্যতা এখানে পরিপূর্ণতা পরিজনের রয়েছে অভাব।
কিছু খবর দিয়ে যায় হাওয়া দের দল।
তুমি ভালো আছো তুমি ভালো আছো শুনেছি।
খবর দিয়েছে মেঘের দের দল।
এখানে অনেক চুপ,সব জড়তার মাঝে।
চুপ নয় চুপ নয় এ তো খুন।
হ্যাঁ রক্তবিহীন খুন এই চুপ থাকা।
এখন আমি অনেক দূরে,
মরা গাছের পাশে উত্তপ্ত হাওয়ার সাথে ভাব জমিয়েছি।
নিশি রাতের তারা দের সাথে বন্ধু করেছি।
মরা ঘাসের সঙ্গে করেছি নতুন করে প্রেম।
জনশূন্যতা নিস্তব্ধ পৃথিবী নিঝুম আকাশ মেঘেরা আসে আর চুমু দিয়ে যায় রোজ।
এখন আমি অনেক দূরে।
কত ক্লেশ এখানে ডুবে রয়েছে সিকতার আড়ালে।
রোজ আসে কত ঝর্ণা ভিজিয়ে দিয়ে যায়।
তোমার থেকে শত যোজন দূরে।

তুমি চাইলেও আর ছুঁয়ে দেখতে পারো না আমায়।
তুমি চাইলেও মিলিয়ে যেতে পারো না আর আমার মধ্যে।
আমি সীমাহীন আকাশের নীল রঙ,এখানে পাহাড়ের সাথে মিশেছি।
আমি খেলা করি রোজ জড়তার সাথে।
আমি পাথরের সাথে জমিয়েছি ভাব।
তুমি এখন অনেক দূরে,
এখানে রোদ উঠে পাহাড়ের গা বেয়ে নামে সোনা।
আমি এখন অনেক দূরে জনহীন পৃথিবীতে।
হাওয়ার সাথে মিশে যায় কখনো বৃষ্টি হয়ে ঝরে পড়ি।
আমি এখন অনেক দূরে।

26. ভগ্ন দুয়ারে সম্মুখে

কত কাল আমি বসে ভগ্ন দুয়ারে সম্মুখে।
কত সময় কেটেছে এ নির্জনতায় একা একা।
এ নির্জনতা এ নিশি প্রিয় অতি সে প্রিয়।
এ অতীব অন্ধকার দেখতে দেয় না,
দেখতে দেয় না স্বপ্ন পড়ানো স্মৃতি গুলোকে।
আমি ভালোবাসি এ অন্ধকার।
এ নির্জনতা দীর্ঘ অনুভব করায় শ্বাস পড়ার শব্দ।
কখনো জোৎস্না ভরা রাত্রি গুলো তোমার ছায়া দেখে কাটিয়েছি।
কোনো অমাবস্যায় তোমার পায়ের মলের আওয়াজে উন্মাদ হয়েছি।
কত ঝড়ের রাতে তোমার ছায়ায় চোখ রেখেছি।
কত বৃষ্টির দিনে মিছি মিছি ছায়া ভিজেছি।
আমি অকারনে উন্মত্ত নৃত্য করেছি।
এই নির্জন নির্জনতায়।
এখানে আসে কেও কেও তবে কথা বলে না।
এত অভিমান আমার উপর এত রাগ আমার উপর।
আসে আর শক্ত কাঠে ছাই হয়ে যায়।
কালো মেঘের উপর উঠে ধুসর ধোঁয়া।
মিশে যায় এক মেঘ তরঙ্গে,
আমি দেখি ভগ্ন দুয়ারের সম্মুখ হতে।
নির্জন নদীর তীরে ভেসে যায় জীবন ভেসে যায় এক পক্ষ কাল।
নির্জন নদীর তীরে এ ভগ্ন দুয়ারে কত কাল আমি বসে।
কত জোয়ার আসে যায় কত জমা হয়,ভাঁটার স্রোতে নিয়ে যায়।
কত কলতান শুনি জলের লড়াই এই নির্জন নির্জতায়।
কত সময় চির অবসর অবসর বাতাসে কাটে দিন।

নির্জনে এই ভগ্ন দুয়ার কতকাল থমকে পত্র পল্লব।
পাখিরা করে নি গান ডানা নিয়েছে গুটিয়ে।
জমানো মেঘে আসে নি বৃষ্টি স্বপ্ন পড়ানো আগুন জ্বলছে এখনো দাউ দাউ করে।
সে ঝড় আসে নি এখনো উড়িয়ে নিয়ে যায় নি এ নির্জনতা।
তুমিও আসো নি আর খোলা চুলে এখনো সেই মলিনতা।
আর কত কাল বসে ভগ্ন দুয়ারে এ কোন নির্জনতা।

27. দেখ তো তাকিয়ে

তাকিয়ে দেখ কাঁটাতারের বেড়ার উপর।
লাল রক্ত লেগে একটু খানি।
একটু খানি ছেঁড়া কাপড়ের টুকরো উড়ছে।
না জানি কিসের ভয়ে থমকে।
কিসের প্রতিরোধে এ বিরোধ ভূমি ভাগের পরিকল্পনা!
এখানে এত নির্জন যেন মরুভূমির উষ্ণ বালুচরে আমি একা দাঁড়িয়ে।
আমি একা কোনো সাগরের মাঝে শুয়ে অনন্তকাল।
দেখ তাকিয়ে কত শকুন বসে মরা গাছের ডালের উপর,
যেন কত জীবন অপেক্ষায় কোনো নগ্ন শরীর ছিঁড়ে খাওয়ার।
দেখ তাকিয়ে ওরাও অপেক্ষায় কত অনন্ত সময় এক যুগ সাধনায়।
তাকিয়ে দেখ গাছ টায় বিদায় নিয়েছে কিসের অপরাধের অপরাধী
হয়েছে ও?
সেখানেও বসে কত সময় অপেক্ষায় ওরাও।
দেখ তাকিয়ে পাখিরা মানে না ও কাঁটাতারের বাধা।
দেখ এ নির্জনতায় ওরা কেমন গেয়ে যায় কূজন।
এক শত চিল একত্রে পেরিয়ে যায় পথ খুঁজে যায় আশ্রয়।
গাছের কি দেশ? বাতাসের দেশ কোনটা? পাখিদের দেশ কোথায়?
তাকিয়ে দেখ ওরা ওরা যায় দলে দলে।
তাকিয়ে দেখ কত যুদ্ধ কত রক্ত পড়ে ধুলোর উপর।
আচ্ছা দেখ তো তাকিয়ে তোমার চোখে ধরা দেয় কিনা ও দৃশ্য।
রক্তের দেশ কোথায়?
মাটির দেশ কোথায়?
দেখ তো তাকিয়ে জলের কি দেশ!

২৪. জীবন কাঠামো

আমার শহরের বুক চিরে হেঁটে চলেছি।
নিস্তব্ধ শীতল রাতের পথে ,স্ট্রিট লাইটের অহংকার নাকি সেবা চোখে পড়ে।
ঘুরে বেড়ানো প্রতি রাস্তার মোড়ে কিছু জীবন থমকে বাঁচার লড়াই এ।
জীবন রূপী জীবন কাঠামোয় শ্বাসকষ্টের বেড়েছে প্রকোপ।
প্রতিদিন সদ্য জীবন ভেসে যায় গঙ্গা বক্ষে,
কালো রাস্তার ওপারে কত জীবন পড়ে।
সদ্য কিছু জীবন সবে তালিম নিতে শিখছে কঠিন জীবনের।
প্রতিনিয়ত দেখে যায় কালো রাস্তায় কিছু জলের উপস্থিতি।
ও জল রাস্তার ওপারে আশ্রয়িত কিছু জীবনের।
প্রতিদিনের ব্যাস্ত শহরে এই জীবন যেন কোনো কোনে লুকিয়ে।
প্রতিদিনের ব্যাস্ত চামড়ার বুটের নীচে কুঁকড়ে রেখেছে জীবন।
অসহ্য যন্ত্রণা আমি অনুভব করি শীতল শীতের নিশি তে।
নিদ্রাহীন চোখে দেখে যাই অতি উল্লাসের মাঝে কত করুন জীবন।
রাতের এই শব্দহীন শহরে থমকে থাকা ক্রংকিটের মাঝে আমি শুনতে পাই।
রাস্তার দু পাশ কান্না আমি রোজ শুনতে পাই।
আমি শীতল নিশি তে প্রতিদিন অনুভব করি অভুক্ত পেটের যন্ত্রণা।
তীব্র শীতের আকাশের নীচে কুঁকড়ে থাকা কিছু জীবন।
ঠকঠক করে কাঁপতে থাকা কিছু জীবন।
কত স্তরে জীবন প্রতিপালিত।

29. বহুদিন হলো

বহুদিন হলো নিশি রাতে আঁধারের সঙ্গে হয়নি কথা বলা।
বহুদিন নিদ্রাহীন চোখে ভোরের সূর্য দেখা হয়নি।
বহুদিন নিঃসঙ্গতা সরিয়ে রেখে আমি হয়তো ভালো করিনি।
বহুদিন কোনো একলা ঝড়ের রাতে একা বসে কাঁদি নি।
বহুদিন পাগলের মতো পুস্তক রাশির মধ্যে উন্মাদের মতো পায়চারি করি নি।
বহুদিন হলো বাতাসের সাথে বলা হয় নি কথা,ঠিকানা জানা বন্ধ।
বহুদিন একা পথে হাঁটি নি নিঃসঙ্গতার আঙুল ছুঁয়ে।
বহুদিন কোনো অবহেলার সাথে একলা বসে গল্প করি নি।
বহুদিন কোনো অবসাদের সঙ্গে দূরে কোথাও ঘুরতে যায় নি।
বহুদিন হলো চেনা বালিশের কোনে চোখের জলে ভেজায় নি।
বহুদিন কোনো এক অদৃশ্য ভালো বাসা জমেছিলো আকাশের নিম্নচাপের মতো।
আকালের আকাশের ঝরা বাদল হয়ে ভাসিয়ে নিয়ে গেলো।
বহুদিন ফাঁকা জানালার পাশে বসে দূরে শুকনো তালগাছ টাকে দেখিনি।
বহুদিন আমার স্থানের পুরোনো দিঘির পাড়ে যায়নি।
বহুদিন নিয়মিত একাকীত্ব অনুভব করি নি কখনো মনে হয় নি সেকথা।
বহুদিন হলো চমকে উঠিনি বুক টা ধড়পড় করে উঠেনি।
তোমার মলের শব্দে ,
তোমার আসার পথে আশাহীন চোখে চেয়ে দেখিনি বহুদিন হলো।

৩০. আমি নির্দিধায় ধ্বংস করে যাব

আমি নির্দিধায় ধ্বংস করে যাব নিশি দানবের বাসস্থানের সব অস্তিত্ব।
যদি সীমাহীন দূর হতে দ্রুত ছুটে আসে কলঙ্ক ভাগের তীর।
যদি ফালাফালা করে দিয়ে যায় এ হৃদয়।
যদি রক্তশূন্য হয় সে তীরের আঘাতে,
তবুও আমি নির্দিধায় ধ্বংস করে যাব নর ধ্বংসকারী শয়তানের বাসস্থান।
আমি নির্দিধায় ধ্বংস করে যাব প্রতি নিয়ত নরম গোলাপের টুঁটি ছিড়ে ধরে যাঁরা।
আমি ধ্বংস করে যাব তাঁদের সে নির্মম খুনের হাত।
যদি অসংখ্য কাঁটার দাগ এসে জোটে তবুও সে দাগ আমার প্রিয় হবে।
তবুও নির্দিধায় ধ্বংস করে যাব অত্যাচারীর সমস্ত হাত।
আমি নির্দিধায় ধ্বংস করে যাব জ্যোৎস্না রাতে জমা মেঘের ও বিশ্রি অন্ধকার।
যদি জ্যোৎস্না বৃষ্টির অভিশাপের ছিঁটে ফোঁটায় এ শরীর ভিজে যায়,
তবুও আমি ও অন্ধকার ভাঙবো।
নির্দিধায় নিশিরাতে একা হেঁটে যাব ও মেঘের আড়ালে।
আমি নির্দিধায় ধ্বংস করে যাব প্রতি নিয়ত প্রেম রূপী সে অভিনয়ের প্রতি চরিত্র কে।
যদি ও চরিত্র খন্ডন এ অভিশাপ এসে জোটে তবুও আমি নির্দিধায় ধ্বংস করে যাব।

31. বসন্তের গোধূলি

সময় টা বসন্তের গোধূলি।
সারা পথ জুড়ে অসংখ্য ফুল ঝরেছিল।
এক পথ জুড়ে মনে হয়েছিলো প্রেম ছড়িয়ে।
একে অপরকে আষ্টেপৃষ্টে জড়িয়ে প্রেম।
প্রেমিক দুরন্ত নাকি প্রেমিকা লজ্জা পায়।
ধরা দেয় কত চিত্রপটে আঁকার মতো।
পরিস্কার আকাশেও স্মৃতির মেঘ এসে ধরা দেয়।
বৃষ্টি নামলে হয়তো চোখের সাগর উত্তাল হবে।
জলে জলের সমাগমে মিশে যাবে ব্যথা।
এই পথ চলা হয়তো থমকে যেত সে এলে সামনে!
হয়তো খুশি হয়ে আমিও ঝরে পড়তাম সুখ ফুলের মতো পথে।
এখনো পথে, তবে ওই বসন্তের ঝরা দুঃখ ফুলে ধুলো মেখেছি।
বয়ে যাওয়া গঙ্গার সামনে দাঁড়িয়ে কফির কাপে চুমুক দিয়ে গোধূলির সূর্য আর গঙ্গা বক্ষে স্মৃতি বির্সজন দিয়ে চোখ মেললাম।
সামনে দাঁড়িয়ে নিবেদিতা।
বছর দুই পরে আমার তাঁর সঙ্গে দেখা।
হঠাৎ..।
নিশিদিনের মিলন সময়ে এই দগ্ধ মিলনের চমক যেন কিছু সময় থমকে দিয়ে গেলো।
বয়ে যাওয়া বাতাস, বয়ে যাওয়া জল ,খসে পড়া ফুল,আর বয়ে যাওয়া দিন হাতের ঘড়ির কাঁটাও যেন উল্টো পথে বাইতে শুরু করেছে।
একটু হেসে নিবেদিতা "কেমন আছো"?
"হ্যাঁ বেশ আছি,আর তুমি" ?

"আমিও বেশ আছি"।

শব্দ গুলো বেশ ভারী শোনালো,হয়তো আমি ভারী শুনছি।

কিছু শব্দ বহুদিনের ব্যাবহারের পর যেন আবার উন্মোচন ঘটল।

শব্দ ভারী বেশ অবাক করলো আমায় যে হাসির শব্দে আমার দিন গুলো শুরু হতো সেখানে এক ভারী শব্দ।

না এতো টাও ভাবনায় বসায় নি।

"কতক্ষন" নিবেদিতার ভারী শব্দে জিজ্ঞেস করলো।

হুম তা প্রায় অনেক দিন।

মানে তুমি কি সারাক্ষন এখানেই থাকো নাকি

সময়ের বেশিভাগ টাই।

কী এত আছে এখানে?

কি আছে জানি না তবে কিছু বির্সজন দিতে আসি কিছু বির্সজন দেখতে আসি।

কিছু পরিণয় পেতে দেখি ,কিছু প্রেমের শুরু দেখি।

কিছু জীবনের গল্প লিখি,কিছুটা একলা হাসি,কিছুটা সময় একলা কাঁদি।

কিছু টা জুড়তে দেখি কিছু নরম বাসনা খুঁজি,ভেসে যাওয়া যত্র তত্র এ আমি আমার প্রেমের দিন গুলো খুঁজি।

এখনো ভাব তবে? আমি তো সে কবেই পত্র পাঠ গুছিয়েছি।

বিয়ের পর বিচ্ছেদ কত অগোছালো পথ।

এখন এই খুঁজে চলেছি পুরোনো গল্পে শব্দ পুরোন।

শব্দ ছক মিলছে নিবেদিতা? মিলছে ওই লাইন গুলো?

যে লাইনের ভীষণ ভীড়ে একা রেখে এসেছিলে?

মিলেছে কিছু হারিয়েছে কিছু আর কিছু।

আজ চলি নিবেদিতা।

আবার কবে দেখা পাব।

হুঁ ,কোনো এক বসন্ত বিকেলে, হঠাৎ গঙ্গা পাড়ে না হয় মাটির নীচে ক্ষতি কি।

32. শুনতে পাচ্ছো সবে

শুনতে পাচ্ছো সবে,
প্রাচীর ভাঙার শব্দ।
শক্ত কুঠার এর ক্রমাগত আঘাত।
শুনতে পাচ্ছো সবে শতাব্দী প্রাচীর–
গ্রাস করে চলেছে একদল গ্রাস কারী।
নির্দিধায় দাবি করে চলেছে সে প্রাচীর তাঁর।
যে প্রাচীরের প্রতি চিত্রে আঁকা–
সে পূর্বের ইতিহাস,তাঁর প্রতি সাজানো ধাপে,
লেখা রয়েছে গ্রন্থ।
দেখ সবে চলেছে ছেঁড়া সে গ্রন্থের প্রতি পত্র।
সে বাঁধানো ইতিহাস চিৎকার করে উঠে।
বাঁচাও এ গ্রন্থ ।
শক্ত ধুলোয় জমেছে ভেতর,উপরে আর্বজনা স্তর।
শুনতে পাচ্ছো সবে,
প্রাচীর ভাঙার শব্দ।
যন্ত্রণা ভরা সে প্রাচীরের চিৎকার।
শুনতে পাচ্ছো সবে?

৩৩. কার তুমি

আমি দেখি রোজ ভাঙা আলোয় ভরেছে আকাশ।
বায়ু বইয়ে যায় ঝাউ গাছের মাথা থেকে।
শব্দে বলে দেয় হাওয়ারা ছিলো না নিঃসঙ্গ।
তবুও পথ জুড়ে ছিলো ধুলিকণা।
ফিরে যাওয়া পাখি রা কিছু বলে যায়!
বলে যায় বার বার তোমার অনুভব সবার কাছে বলে দিও না।
বলে দিও না রোজ তুমি নতুন ভোর খোঁজো।
ওরা হাসবে রোজ,রোজ কিছু কারণে অবহেলা করবে।
রোজ সকালের ঘুম ভাঙার পর তোমায় নিয়ে বসবে আলোচনায়।
তোমার অনুভব বলে দিও না পাখিরা বলে যায়।
মাথা নত করে চলে যায় দ্রুত স্রোতের সময়।
হঠাৎ উত্তাল কখনো শান্ত কখনো নিস্তব্ধ শব্দ হীন বসে থাকতে ভালো লাগে।
শব্দরা ভালো খেলা করে এই সময় টাই।
কখনো এই ভাঙা আলোয় ভাঙতে ভাঙতে মিশে যাই কত শব্দ।
ধুলো হয়ে উড়া যায় সে ভীষণ দমকা হাওয়ায়।
হাওয়া নয় হাওয়া নয় ঝড় ঝড় এ বিষের ঝড়।
নীল করে সমস্ত শরীর ছিঁড়ে যায় পরিধান বস্ত্র।
নগ্নতা ধরা পড়ে শরীর জুড়ে ছটফটে উঠি বিষের তীব্র যন্ত্রণায়।
আবার শান্ত হয়ে যায় সব ,সব কেমন স্বাভাবিক খিলখিলিয়ে উঠে।
এ প্রকৃতি ও গোধূলির রোদ ও মিঠে সকাল কার তুমি?

34. কেন এমন ভাবে লুকিয়েছো

কেন এমন ভাবে লুকিয়েছো ?
মনের ভেতর উলোট পালোট করে দিয়ে যাও।
হেঁটে বেড়াও সশব্দে আমি শুনতে পাই।
আমি শুনতে পাই হাসির শব্দ,চুড়ির শব্দ।
কেন এমন ভাবে লুকিয়েছো?
হৃদয়ের অতি যত্নে রাখা ঘোরের ভেতর?
মাঝে মাঝে খুব ব্যথা পাই।
মনে হয় তখন তুমি কাঁদো ওই ঘরের ভেতর।
একবার ভেবেছি চোখের জলের ফোঁটায় বিলীন হব।
ঠিক তখনি তুমি লুকিয়ে পড়লে কোথায় কি জানি।
কেন এমন ভাবে লুকিয়েছো?
কেন এমন ভাবে মনের গহ্বরের কোন আঁধারে লুকিয়ে পড়ো বারে বারে।
আমার শিরায় শিরায় ছুটে বেড়াও।
ধরতে পারি না আমি কখনো দেখতে পাই আবার কখনো পাই না।
কেন এভাবে লুকিয়েছো?
এসে দেখো তোমার কাজলের মতো কালো মেঘ পুব আকাশে।
ঝরে পড়া আঁখির ফোঁটায় বৃষ্টি নামবে এখনো।
আঁখি জলের পতিত ফোঁটায় দেখ চেয়ে আমি পড়ি ঝরে।
কেন এমন ভাবে লুকিয়েছো?
সামনে এসো অভিমান ধরা দাও আমার গোলাপ বাগিচার সামনে।
কেন এমন ভাবে লুকিয়েছো?

35. কখনো তোমাকে ভাবতে গিয়ে

কখনো তোমাকে ভাবতে গিয়ে,
ভাবনা ছোটাতে হয়েছে পাহাড়ের কোলে।
ছোটো ছোটো হলুদ ঘাস ফুলের উপর।
এতো গভীর সাজানো হাতে লেখা চিঠি তোমার,
বুঝতে গিয়ে পুরো ভারত ভ্রমণ করতে হয়েছে আমায়।
কত বছর তোমায় দেখেছি পরীক্ষা করেছি ভেবেছে।
কিন্তু যেটা বললে তোমার আরো কাছে যাওয়া যায়।
সেটা বলা হয়নি,কঠিন ছিলো কী?
বোধহয় অতি কঠিন ছিলো আমার কাছে।
অতি ভাবনায় যখন উন্মাদ হতাম শরীরের তাপ যেতো বেড়ে।
তুমি নির্দিধায় ছুঁয়ে দিতে,শান্ত হতাম কিছুক্ষন।
তুমি সাধারন নাকি অকল্পনীয় কিছু ভাবনায় আসতে গিয়েও আসেনি।
তুমি কোন ফুল আমার ভাবনায় আসে নি কখনো।
ভোরের আলো পরিস্ফুটিত হওয়ার আগেই ফুটে যেতে।
তারপর সারাদিন রোদ ছায়ার প্রেম হাওয়ার সঙ্গে দুলে দুলে।
তোমার নতুন নাম রাখতে গিয়েও থমকে গেছি,
কি নাম দেব! আর যে নামে ডাকলে তোমার উজ্জ্বলতা পাবে সে নাম আমার জানা নেই।

36. মায়াহীন

অনেক বার ভেবেছি থাক না এসব,
কী প্রয়োজন সব ,কী প্রয়োজন সব মায়া নিজের মধ্যে থরে থরে সাজানোর।
দিন পেরোবে ,সময় পেরোবে,বছর পেরোবে রোদ,বৃষ্টি,শীতের তুষারপাত পেরিয়ে যাবে।
শক্ত হতে থাকবে ওই থরে থরে সাজানো মায়া গুলো।
যন্ত্রণা দেবে মুখ গুজে কাঁদবো তবুও আর মুক্তি মিলবে না।
মিলবে না সহজের পথ ,পথের বুকে পিষে থাকা কালো বুক পড়ানো পাথর গুলো ক্রমশ গরম হয়ে উঠবে।
শক্ত হয়ে উঠবে পথ কষ্ট দেবে তবুও মিলবে না মুক্তি।
অনেক বার ভেবেছি থাক না এসব।
আর নাহ,আর নাহ।
এবার কোনো নিঝুম আকাশের নীচে ,কোনো একটা গাছের নীচে মায়াহীন পৃথিবীর ঘাসের উপর আমি শুয়ে থাকব।
কোনো আপনজন থাকবে না ,কোনো বিষ মাখানো কথার ছল থাকবে না,কোনো মিছে কথার আদর থাকবে না।
থাকবে শুধু অমায়ার আকাশ।
থাকবে শুধু কঠিন কঠিন গদ্যের পরিভাষা।
সেখানে আমি বেঁচে থাকতে চাই লক্ষ কোটি বছর।
মায়াহীন কিছু গল্প লিখবো ,
গল্প গুলো পড়তে পড়তে তোমার চোখের কোনে আর জল গড়িয়ে পড়বে না।
কিছুটা ঘৃণা আসবে আমার প্রতি ,ঘৃণায় ঘৃণায় তুমি যখন আমায় খুঁজে বেড়াবে।

তখন আমি মায়াভরা পৃথিবীর বাইরে।
অন্য এক মানুষ।
তোমার পরিভাষায় আমি প্রাক্তন।

37. নভস্থলের শুন্যতায়

কী দেখে যাও শূন্যের পানে।
নীল রঙে মিশে গোধুলির আলো!
নাকি মিশে যাওয়া কিছু অনিশ্চয়তা,
নভস্থলের শুন্যতায়।
নাকি তাকিয়ে দেখ কতশত শঙ্খচিলের উড়ে যাওয়া।
নাকি কোনো গোধুলি বেলার স্বপ্নে বিভোর প্রিয়।
ও দিগন্ত হীন শুন্যতায় উন্মুক্ত আঁখি কী খুঁজে যায়?
পরশ পাথরের পরশ পাওয়ার খোঁজ নাকি শক্ত কোনো ভালোবাসার হাত।
পথ হারানো নদীর তীরে পথ হারানো আমিও খুঁজে যায় নতুন পথের দিশা।
আঁকানো আকাশে ঝাপসা তোমার মুখের ছবি— ভেসে আসে নিভে যায় গোধুলির রঙে মিশে।

৩৪. স্থাপত্যের ভীড়ে

যে শহরে রোজ ভীড় করতো সবাই।
কত সুন্দর সাজানো স্থাপত্যের ভীড়ে।
যেখানে রোজ কত প্রেম এসে লুকাতো।
কত স্মৃতি লেখা হতো স্থাপত্যের দেওয়ালে।
কত কবিতা লেখা হতো অজানা কবিতার বইতে।
সেখানে আজ এক নিস্তব্ধ আস্তরণ গড়েছে।
সে স্থাপত্য আজ কেমন নিশ্চুপ হয়েছে।
পুড়ে কলঙ্কিত হয়েছে তাঁর সুন্দর ডানা।
তাঁর আকাশ নীল নয় কালো আঁধারে ডুবেছে।
শান্ত শহর টা আজ সুন্দর পড়ানো ছাই হয়েছে।
আর আসেনি কেও তাঁর সম্মুখে সায়রে।
আর আসেনি কেও বৈশিষ্ট্যের গুন গাইতে।
এখন মনে হয় এ শহরের অন্তিম শ্বাস অবতীর্ণ।
ইতিহাসে লেখা হবে এ শহরে বুকের কথা।
ধ্বংস লীলায় পরে হয়তো আবার কোনোদিন—
দেখা হবে শান্ত শহরের বুকে তোমার আমার।
সেদিন কোনো স্থাপত্যের দেওয়ালে পাব নাম।
সেদিন কোনো স্মৃতি কথায় হবে হয়তো এ শহরের উত্থান।

৩৭. এখনো কিছু কথা বাকি আছে

এখনো কিছু কথা বাকি আছে।
এখনো শেষ কথা শেষ হয়ে যাইনি।
নির্বাক হয়ে শুনেছি সেদিন,
নির্বাক হয়ে শুনেছি সেদিন টেলিফোনের এপাশ থেকে।
পাতার পর পাতা শুধু তুমি গেলে বলে।
রাত্রি নিস্তব্ধতায় শুধু তোমার আক্ষেপ গেছি শুনে।
দাঁড়ি নেই ,কমা নেই কোনো থামা নেই শুধু সমুদ্রের ঢেউ এর মতো—
কথার উপরে কথা দিয়ে চলছে আমার ব্যার্থতার খসড়ার পঠন।
সে রাত্রির নিস্তব্ধতার সকল শব্দ মিশে কথা গুলো কন্টক এর মতো বিঁধে ছিলো।
মনে হয়েছিলো এত ব্যার্থতার পাহাড় নিয়ে আমি আছি বেঁচে আজও!
এতো কাল তবে যাকে ভালোবাসা ভেবেছে সে ছিলো শুধু আমার ব্যার্থতা?
নাকি এ ছিলো শুধু ওর শব্দ চয়ন কিছু না পাওয়ার আক্ষেপ।
নাকি ছিলো ছাড়িয়ে নেওয়ার মিথ্যে দোষারোপ!
আমি শুধু শুনে গেছি সেদিনের অন্ধকারে,পাইনি খোঁজে কোনো উত্তর।
আমারো কিছু বলার আছে,
এখনো আমারো কিছু বলার আছে বাকি।
শেষ টেলিফোন এখনো আছে করা বাকি।
শেষ কয়েক প্রশ্ন আছে এখনো বাকি।
ভোর হওয়ার আগে সে প্রশ্ন শোনানো বাকি।

বদলেছে যোগাযোগ,বদলেছে আট থানি সংখ্যা।
প্রশ্ন পাঠাবো না হয় ঠিকানা হীন ডাকযোগে।
যদি আসে সে আবার পুনরায় ফিরে।
তবে আছে তো ব্যার্থতা,সে চাদরে দেব মুড়ে।
তবে জানতো, এখনো কিছু কথা আছে বাকি।

40. ভবঘুরে

আমি চিরকাল এলোমেলো পথে হেঁটে গেছি।
হয়তো ভবঘুরে নাকি ছন্নছাড়া সে উপমা আসে নি এখনো।
বহুকাল ভেবেছে এবার চির নিদ্রা যাব,কোনো এক ধানের কোলে।
এই একমাত্র ইচ্ছে,ধানের কোলেই কাটাব দিন।
বা কোনো নদীর ধারে নিরালা দুপুরের ভরা জলে।
কখনো বিরক্ত আসে নি এই জলের প্রতিনিয়ত বয়ে যাওয়া ধারা দেখতে দেখতে।
দুরে কোনো মাঝি একা বয়ে যাওয়া উজানে।
কোথাও একদল শিশু জোয়ারের জলে ছলকে উঠে।
বা চাষিদের কাস্তে হাতে মাঠের উপর দাঁড়িয়ে থাকা দেখতে ভালো লাগে।
কখনো দেখেছি ইছামতীর শাখা ডাঁসা নদীর তীরে উৎসবের আলোড়ন।
কোনো নৌকা গোধুলির আলোতে বয়ে যায় দাঁড় বেয়ে।
কি জানি কোথায় ভেসে চলেছে ডাঁসা,কালিন্দী মিলন সঙ্গমের মাঝপথ বেয়ে।
আমি ওই গোধুলি বেলায় নৌকার পাটাতনে ভেসে যেতে চাই চিরজীবন।
খেয়া পথে আসে কত জনে হাট বসেছে বুঝি আজ শুক্রবার!
কত পথ দিয়েছে কে জানে পাড়ি ঢেউয়ের দোলায় দোল খায়।
দোল খায় মাল বোঝাই নৌকো আরশাদ মিঞার ঘাটে।
আমিও যাব ভেসে পালের সাথে হাওয়ায় ভেসে।
আমি মূর্ছা যাব পাটের কোলে বিদ্যাধরীর তীরে।
চিরজীবন রব শুয়ে বট নারকেলের দেহে।

আমি কাটাব জীবন জীর্ণ হয়ে প্রজাপতি বেশে ফুলের উপর ফুলে

41. হঠাৎ ধরো

আচ্ছা একদিন ধরো রাস্তা জুড়ে হাঁটছি!
হঠাৎ মেঘ করে বৃষ্টি নেমে এলো।
তুমি আমায়, তোমার আঁচল দিয়ে ঢাকবে?
মিষ্টি করে বলবে? ঠান্ডা লাগলে কি হবে বলো দেখি এবার!
অল্প অভিমানে বলবে? অসুখ করলে আমি দেখ আর কথা বলবো না।
আচ্ছা ধরো বৃষ্টি থামার পরে,বট বৃক্ষের নীচে আমরা দুজন দাঁড়িয়ে!
টুপটাপ জল পড়বে পাতা বেয়ে,আমার চোখের কোনে।
শাড়ির আঁচলে মুছবে তুমি?পরশ মাখা স্নেহের আদরে।
মুখোমুখি হাওয়ার মিলন বুঝবে বলো মনের কথা!
আচ্ছা ধরো আমরা কোনো পাহাড় ঘেরা দেশে।
পাহাড় কোলে ছোট্ট কুঁড়ে সেখানেই তেই দুজন।
রাতের আঁধার আলো ছাড়া ভয় করবে তোমার?
ভয় কীসের?বাইরে এসো দেখো জোনাকির পোকার দেশে।
আচ্ছা ধরো হঠাৎ কোনো দিন দুজনের হাত আঙুল ছুঁয়েছে।
গোধুলির মেঘ ধুসর রঙে পশ্চিমে সেজেছে!
ঠিক সে সময় এক দৃষ্টিতে তোমার দিকে তাকিয়ে।
হঠাৎ লজ্জা পেয়ে আমায় পাগল বলে তুমি পালিয়ে যাবে!হাত টা ছাড়িয়ে?
আচ্ছা ধরো গভীর রাতে ল্যাম্পপোষ্টের নীচে।
আমরা দুজন রাস্তা জুড়ে একা কেও নেই কোথাও।
হঠাৎ যদি ঠোঁট টা ছুঁই হালকা পরশ গালে।
তুমি অভিমানে সরিয়ে দেবে আমায়?দৌড়ে যাবে শুন্য রাস্তায়।
আচ্ছা ধরো হঠাৎ কোনোদিন শিশির ভোরে ভেজা সুরে মাখলাম বেশ

করে।
তুমিও তখন ঘন কুয়াশায় হঠাৎ পেলে না খুঁজে আমায়!
পাগল হবে? হন্যে হয়ে খুঁজবে আমায়?বনের গাছের ফাঁকে?
শক্ত কাঁটায় যদি রক্তপাত ঘটে!তবুও আমায় খুঁজবে?
আচ্ছা ধরো একদিন মাটির নিচে ঠাঁই হলো আমার।
রোজ আসবে এই ভাবে আমার কাছে? পরশ দেবে!
পলাশ ফুল সঙ্গে করে আনবে!ছড়িয়ে দেবে আমার উপর?
রোজ মাটি ছুঁয়ে চুমু দেবে! জল ফেলবে নাতো?

42. একাকীত্ব লতা

আজকাল আর ভালো লাগে না,
কোন জমজমাট লোক কোলাহল।
কেমন মন খারাপের একাকীত্ব লতার মতো জড়িয়ে এই শরীরে।
আজকাল মন খারাপ হয় তবে—
মন খারাপের কারণ জানি না।
এখন মন খারাপের কোনো কারণ খুঁজে পাই না।
বেশির ভাগ অকারনেই ঘটে আবাহন।
কোনো এক অজ্ঞাত মায়া বন্ধনে আবদ্ধ।
এ মন খারাপের উৎপত্তি তাঁর হাত ধরে।
এখন উপন্যাস লিখি নিজেকে নিয়ে,
তাঁর প্রতি পাতা লেখা হয় চোখের জলে।
প্রেমের উপস্থিতি এই উপন্যাসে কিছুটা ক্ষীণ।
কিন্তু অবহেলা রয়েছে সারা বসন্ত জুড়ে।

43. কঠিন আবরণ

একটা মোড়কে মুড়ে রয়েছি প্রতিক্ষন।
এই অবস্থান ক্ষণস্থায়ী নাকি চিরস্থায়ী,
আমৃত্যু কাল নাকি পরজন্মে আসীন!
বিবিধ প্রশ্ন আছে সাজানো থরে থরে।
প্রতিক্ষন মনে হয় এই মোড়ক ভেদে দেখি!
এই মোড়ক ভেদে দেখি আছে কি ওপাশে।
শক্ত আবরণ বেষ্টিত জটিল জীবনের অন্ধকার!
না নাকি এই মোড়কের বাইরে আছে,
শক্ত খোলসের ভেতর নরম শামুকের বর্ম।
মাঝে মাঝে মনে হয় সব ভেঙে করি চুরমার।
এই মোড়কের প্রতি আবরণে ঠুকে যায়—
এই শক্ত মাথা ক্রমাগত।
রক্তে মাখামাখি হোক এই মোড়কের পাষাণ আবরণ এর উপর বর্ম।
ক্ষত বিক্ষত হোক এই শরীর,
ছড়িয়ে পড়ি মোড়কের খোলসের বদ্ধ আকাশে।
বাহ্যিক আঘাত ক্রমাগত বৃষ্টিস্নাত মোড়কের আবরণে।
সেও কম নয়! ছিন্নভিন্ন হয়ে পড়ি শক্ত আঘাতে।
দিন নাকি রাত ! বৃষ্টি নাকি ঝড়! পূর্ণিমা নাকি অন্ধকারের বিভীষিকা।
আমি এই মোড়কে মুড়ে উপলব্ধি করতে পারিনি।
এক সমুদ্র ঢেউ এর উচ্চতা কতখানি,
আমি মাপতে পারি নি।
আকাশ ছোঁয়া পাহাড়ের স্পর্ধা ঠিক কতখানি,
এই মোড়কে মুড়ে বুঝতে পারি নি।

প্রতিদিন গজিয়ে উঠা প্রতি গাছের বনের মন বুঝতে পারি নি।
বয়ে যাওয়া বাতাসে ঠিক কতগুলো চিঠি আছে আমি নির্দিষ্ট করে
গুণে উঠতে পারি নি।
আমি মোড়কের আস্তরণে নিজেকে মেলতে পারি নি।

44. তুমি আর আমি

পথের উপর দাঁড়িয়ে আমি শতাব্দী প্রাচীন।
নিস্তব্ধে দেখছি তোমায় তুমিও কত যুগ আসীন।
প্রতিদিনের দূর্যোগের প্রবল আঘাত গেছে বয়ে।
অস্থিরতা কমেছে সব কত আঘাত গেছে সয়ে।
বৃষ্টিস্নাত পূর্ণিমার চাঁদের আলো মেখেছি দুহাতে।
মেঘমালার রূপ গুনেছি কুয়াশা ভরা প্রভাতে।
আকাশের নক্ষত্রের সঙ্গে মিশেছি কখনো।
ঝরে গেছি ঝরা তারার সাথে মিশে কখনো।
কখনো আমি ঝড়ে পতিত ভাঙা ডাল হয়তো সে ভুলে।
তুমি বৃষ্টি হয়ে এসো সাজিয়ে দাও ভুলের উপর সুন্দর ফুলে।
কখনো আমি উঁচু আকাশ ছোঁয়া পাহাড়ের রূপ নিয়েছি খুঁজে।
জানি তুমি ঝর্ণা হবে ,মিশে যাবে এ বুকের মাঝে।
তুমি হয়েছো নিরাশার বুকের আশা সাহারার বুকে।
আমি না হয় ফোঁটা হাসি তোমার মিষ্টি ওই মুখে।
আমিও শতাব্দী প্রাচীন এ কত বিশৃঙ্খলার মাঝে।
তুমিও বৈশাখী পশ্চিমী মেঘ রয়েছো কালবৈশাখীর সাজে।

45. নিস্তব্ধতা দাও

যদি হয় সম্ভব এক কোটি নিস্তব্ধতা দাও।
কন্ঠ উঠুক পূর্ণ বিষ নীলকন্ঠ হয়ে যাক।
সময় যায় বয়ে রাতের প্রহর পলকহীন আঁখি।
চাঁদ আসে আকাশে নামে আবার অন্ধকার।
যদি সম্ভব হয় বৃষ্টি নিয়ে এসো গভীর রাতে।
আঁখি বেয়ে নেমে যাও অশ্রু স্নান এ মন।
এক বুক দাও নিস্তব্ধতা বেদনা মেশানো।
ছিন্ন করে দাও হৃদয় ঝরে যাক রক্তস্নাত বারি।
এসো প্রেম এসো শত মন ছুঁয়ে এসো ফিরে।
বহনে বিরহ ছিন্ন করো এ বুক নিস্তব্ধে সহজে।
যদি হয় সম্ভব নক্ষত্রের সঙ্গে দিও মিলিয়ে।
পরিচয় হোক পরিবহনে বন্ধু হোক সততার।
দাও শত শত নিস্তব্ধতা আমার সকল মন জুড়ে।
কুয়াশা মাখি শীতল ভোরে কোনো পাখির সাথে।
না হয় মেঘ হয়ে দিও মুড়ে সুখের আকাশে।
বৃষ্টি ভেজা কান্না নোনা জলের করে নেব স্নান।
একে একে কাটবে প্রহর পাতা উল্টানো ডায়েরী।
ছিঁড়ে যাবে পাতা উড়বে স্মৃতিময় ঘরজুড়ে।
এগিয়ে আসবে ছুটির সময় ক্লান্ত চোখে চেয়ে।
তুমি আসবে জানি আমার দু হাতে রাখবে হাত।
যদি হয় সম্ভব এক কোটি নিস্তব্ধতা দাও।
কন্ঠ উঠুক পূর্ণ বিষ নীলকন্ঠ হয়ে যাক।

46. এখন তাঁরাও অবহেলায়

কত যুগ ধরে বন্ধ এ দুয়ারো দরজা খানি!
কত সময় লাঞ্ছিত পতিত এ ছিন্ন পত্র খানি!
কত দূর্যোগ কেটেছে কে জানে আসে নি কেও।
কত যুগ পড়েনি চরণ কোনোদিন আসেনি সেও।
পুরোনো কত চিঠি পড়ে মলিন সে ঘাসের উপর।
যেন অসহায় রবির আলো অলসতার এ দুপুর।
অজস্র ঘাসের হয়েছে জন্ম, মৃত্যু তো নিয়ম।
তবুও বহুকাল ঘটেনি আগমন সবই অনিয়ম।
ধুলোর উপর জমেছে স্মৃতি শক্ত পাথর জমা।
এ নয় পরিচিত,এ নয় পরিচিত এ অজ্ঞাতনামা।
এ ঠুনকো হয়েছে শরীর চির জীবন অবহেলায়।
যতটুকু অধিকার দিয়েছিলাম তা করেছো আদায়।
এক চিত্তে দাঁড়িয়ে কত যুগ একলা কদম গাছ।
মিশেছি, খেলেছি, মিলেছিল কত যুগ গুনিয়াছ?
কোনো কোনে পড়ে ধুলায় জমেছে আবেগ সে।
যে রচনায় মিলিয়ে ছিলাম, সে কিনারায় বসে।
ব্যার্থতায় অবসাদে সে হয়েছে ক্ষীণ ভঙ্গুর প্রায়।
কত প্রেম এসে মিশেছিল,এখন তাঁরাও অবহেলায়।
যে বৃন্ত গন্ধ শুঁকেছি তোমার প্রিয় রজনীগন্ধা।
অবহেলায় সে বেড়ার ধারে সেও হয়েছে বন্ধ্যা।
গন্ধ আসে না আর শূন্যে পাবে সে সব পূর্ণতা।
পূর্ণ হয়েছে তাঁর সকল কর্ম পূর্ণ হয়েছে পূর্ণতা।
আর একবার বকুল গাছের তলে চাতক হয়ে চেয়ে।
একবার দাও বৃষ্টি, বৃষ্টি করি স্নান পূর্ণিমা মাখি দুহাতে পেয়ে।

করুন সময় গুলো দাও রেখে ভূমির বুকে চেপে।
আর একটু দাও উজ্জ্বল শৈশব ঋন গুলো দেখি মেপে।
সেও কত যুগ নিঝুম ঝাউ বৃক্ষ দুয়ার সম্মুখে।
সুখে করেছো সশব্দে আনন্দ নীরব তুমি দুখে।
এখন তাঁরাও অবহেলায় মরেছে মন যত্ন নেওয়ার।
যা দিয়েছো আমারে দিয়েছি সব ফিরিয়ে আর নেই কিছুই দেওয়ার।

47. এত প্রেমে পড়ি কেন বারবার

আমি এত প্রেমে পড়ি কেন বারবার!
কেন বারবার অষ্টাদশী জীবন ধারায় ফিরে যাই!
কেন অবুঝ হয়ে যাই ,সব বুঝেও।
কেন বুঝতে পারি না সব ঝরে পড়া বৃষ্টি এক নয়।
কিছু বৃষ্টির ফোঁটায় জ্বরের থাকে আমন্ত্রণ।
কেন বুঝতে পারি না সব বাঁশির সুর প্রেমের নয়,
কিছু বেদনা মাখানো নিশিরাতে র কষ্ট থাকে।
আমি এত প্রেমে কেন পড়ি বারবার!
কেন নিস্তব্ধ রাতে তোমার ছুঁয়ে দেখি আঙুল?
কেন প্রতি প্রহরে শুধু তোমার প্রেমে পড়ি বারবার?
কেন এত উন্মাদ হয়ে উঠি প্রতিক্ষনে?
আমি জানি ,আমি জানি এ চরিত্রে আছে দাগ।
আমি কলঙ্কিত পুরুষ।
কেন আমি এত প্রেমে পড়ি বারবার!
কেন আমি এত প্রেমে পড়ি বারবার!
কত বসন্ত পেরিয়েছে,কত গোলাপের সাথে হয়েছে দেখা।
ফিরিয়ে দিয়েছে ঝরা বাদলের হাত ধরে পথের উপর।
তবুও আমি প্রেমে পড়ি বারবার!
তবুও আমি খোলা আকাশের নীচে দাঁড়িয়ে।
দগ্ধ সূর্যের দিকে তাকিয়ে দেখে যাই।
আমি প্রেমে পড়েছি বারবার।

আমি এত প্রেমে পড়ি কেন বারবার!
আমি কলঙ্কিত পুরুষ,কেন কলঙ্কিত হই বারবার।
প্রবল জনসম্মুখে তোমার মন জড়িয়ে ধরি বারবার।
কখনো ঠোঁটের উষ্ণতা করি অনুভব সত্যি কি তবে!
আমি প্রেমে পড়ি বারবার,খোলা প্রকৃতির সম্মুখে।
আমি একি শাড়ির আঁচলে প্রেমে পড়েছি বারবার।
লজ্জা হীন চোখে শুভদৃষ্টি করেছি বারবার।
তবে কি আমি কলঙ্কিত পুরুষ?

৪8. আশ্রয়

এই আষাঢ়ের জলধারায় ধুয়ে যাক হিংস্র ধুলোর কণাগুলো।
ঝরঝর বৃষ্টির বারিধারায় পরিপূর্ণতা আনুক জ্ঞানের আলো।
এই বারিধারায় ধুয়ে যাক পথের উপর রক্তের মলিন ও ছাপ।
বিশৃঙ্খল প্রতিবাদে যেগুলো নিয়েছে ধ্বংস আর সহ্যের পরিমাপ।
মিঠে হোক জমাট বাঁধা সহস্র আন্দোলনের ধারাগুলো।
বয়ে যাক শত বৃষ্টির ফোঁটায় যত দাবিদারদের পত্র গুলো।
শান্তির বার্তা আনো হে বয়ে ঝিরিঝিরি আষাঢ় গগনে।
থরে থরে সাজাব ফোঁটায় শান্তি মাখা অধিক যত্নে।
সৃষ্টি আসুক নতুন ভোরের ভেজা আলো কে সঙ্গে নিয়ে।
সর্ব সহস্র ছত্র হয়ে দিয়ে যাক আশ্রয় ছায়া হয়ে শান্তি দিক বয়ে।

49. শেষ সময়

স্টেশনের পাষাণ শক্ত কঠিন বেঞ্চের উপর বসে।
পূর্বের সূর্য যখন মধ্য গগনে ,ঢলে গেছে পশ্চিম আকাশে।
গোধূলির আলো যখন কৃষ্ণচূড়ার লালে মিশেছে পশ্চিমের আকাশে।
নিস্তব্ধ স্টেশনের বুকে তখন দক্ষিনা হাওয়ার হয়েছে আগমন।
গুটি কয়েক কদম গাছের শুকনো পাতা এলোমেলো পাথরের উপর।
চায়ের দোকানের ধোঁয়া আর শুনশান নিস্তব্দ কোনো স্মৃতি আনে বয়ে।
বহমান বাতাসের পিওনের মতো বোঝা হাতে এলোমেলো করে দিয়ে যায়।
পিছিয়ে যায় সময় এই নিস্তব্ধতা ছিল প্রিয় শেষ ট্রেনের সময় পর্যন্ত।
চোখের মিলনে নির্বাক চেয়ে থেকে দুপুর গড়িয়ে ঠিক এভাবে সন্ধ্যে নামত।
শক্ত বাঁধনে বাঁধা হতো প্রতি স্বপ্ন পুঁথির কোনা গুলো এক ছত্রে।
নিস্তব্ধে সন্ধ্যে নামত পশ্চিমের গোধূলির হাত ধরে।
হাতের উপর হাত নিঃশ্বাসে মিলত এসে নিঃশ্বাস ক্রমাগত।
ছুঁয়ে যেত কিছু উষ্ণতা উষ্ণ হাওয়ার সাথে শরীরের শিহরণ।
আজ একেবারে নিঝুম নিস্তব্ধ শীতল হাওয়া আসে একলা।
শেষ ট্রেন চলে গেছে কত সময় হলো ,ফিরে গেছে শেষ যাত্রীরা।
নিস্তব্ধ বাতিস্তম্ভ গুলো নীরবে আলোর করেছে প্রদান।
নিস্তব্ধতা ছাড়িয়েছে মাত্রা লাশকাটা ঘরের সে সমান।
নক্ষত্রেরা জেগে শুধু বিস্তৃর্ণ আকাশ জুড়ে সেও শান্ত নিস্তব্ধতা করেছে বহন।
স্মৃতি দের ঘটেনি মৃত্যু ঘটেছে প্রতি মুহুর্তে আলাপন।

50. তোমায় ভালোবেসেছিলাম

এটা কত তম বর্ষা বিচ্ছেদের মনে নেই।
তোমায় ভালোবেসেছিলাম,
ভালোবাসার মিলনমেলায় মিলে গিয়েছিলাম দুজন।
একতারা গুলোর দিকে তাকিয়ে অনেক স্বপ্নের গান বেঁধেছিলাম দুজন।
কত মাটির গানে দুজন চোখের উপর চোখ রেখেছিলাম।
গত রাতেও একটা গান বেঁধেছি জানো,
প্রেম বেদনার মিলনের গান।
সময় গত হয়েছে,
বসন্ত মুখ ফিরিয়েছে আমার বাগিচার উপর থেকে।
বর্ষার প্রথম বৃষ্টি আসে শুকনো মরা গাছ গুলোর উপর।
কিছুটা ধুয়ে যায় আমার চোখের উপর থেকে।
গুড়িয়ে পড়ে ব্যালকনি বেয়ে গড়িয়ে যায়।
এখন অফুরন্ত সময়,কিন্তু সবই মৃত।
প্রাণ আছে কিনা কোথাও খুঁজে দেখি নি আর।
সে শক্তি টুকু অবশিষ্ট নেই।
যে বর্ষার বৃষ্টিতে অবিরাম ভিজেছি দুজন,
সে বৃষ্টির সব টুকু জমানো আমার চোখে।
সে জলের অধিকার শুধু একা আমার।
পড়ন্ত বিকেলের এই শেষ সময়ে উপস্থিত হয়ে,
কত গুলো স্মৃতির পাতা ছিঁড়ে ফেলতে পেরেছি মাত্র।
আর গুলো সম্ভব হয়নি।
যদি কোনোদিন সম্ভব হয় সে স্মৃতির বুকে আঘাত দেওয়ার।
সেদিন হয়তো উঠানামা বন্ধ হবে বক্ষের।
পত্রের ঘটবে আগমন আঁখির উপর।

51. এও কি দাবির পথের আন্দোলন

একত্রে বিক্ষোভে তখন জ্বলছে আগুন।
আন্দোলনের দীপ্ত শিখা ভয়ঙ্কর নিয়েছে রূপ।
আন্দোলনের ঘর্ষনে থমকে গিয়েছে জন অরণ্য।
যে জন অরণ্য এর সুবিধার্থে এ আন্দোলন,
সে জন অরণ্য তাদের দাবীর সম্মুখে বিপদগ্রস্থ।
এই আন্দোলনের শক্ত শিখা,তেজী, ক্রুদ্ধ ,রুদ্ধ।
কীসের কারণে এমন উন্মত্ত তাঁরা জানে না।
তাঁরা জানে না আসলে দাবীর প্রথম অক্ষর কী?
তাঁরা মানে না কোনো আইন কোনো বাধা।
তাঁরা শুধু জানে আন্দোলনের ভাষা উগ্রতা।
তাঁরা শুধু জানে নিছক শক্তি প্রয়োগে ভাঙব তারা।
এই আন্দোলন হিংস্র দানবের নিয়েছে রূপ।
এই আন্দোলনে থমকে গেছে রেলের চাকা।
এই আন্দোলনে থমকে গেছে কলের চাকা।
কর্ম যোগের আন্দোলনে হঠাৎ কেমন কর্মহীন হয়ে পড়ল।
চাক্ষুষ শক্তি প্রদর্শনীর মেলা নানা অস্ত্রে নাগরদোলা।
পথের উপর আন্দোলনের স্রষ্টা কে শয়নে দেখেছি।
লাঠির আঘাতে সে আবিস্কর্তা আজ ছিন্নভিন্ন।
সে স্রষ্টার দেহ ভেঙেছে রক্তাম্ব মুখমন্ডলী।
এই আন্দোলনের মাত্রা বেড়েছে রঙের ঘটছে পরিবর্তন।
হেঁটে চলা পথের উপর দিয়ে হঠাৎ এক বিস্ফোরণ।
ভাই এ ভাই এ হাতাহাতি,পড়শি পড়শি চুলোচুলি।

স্লেটে লেখা প্রথম অক্ষর খড়ির সে দাগ মুছে গেল দু ফোঁটা রক্তের পরিবর্তে।
রাস্তা জুড়ে রক্ত বাষ্প আকাশে নিল আশ্রয়।
তারপর আগুন আর আগুন কয়েকশ বাড়ি পুড়ল।
সেই বাড়ির গুলোর মধ্যে যাদের নিয়ে আন্দোলন তাদের বাড়িও সামিল ছিলো।
তাহলে কি এ আন্দোলন ছিল!
নাকি এ আন্দোলনের রূপে কোনো হিংস্র পশুর দের দাপাদাপি ছিল!
রাস্তা জুড়ে অবরোধ যানবাহনে আগুন অজস্র ধোঁয়া।
তাল তাল বারুদের দোলা এসে পড়লো।
এও কি আন্দোলনের অংশ?
এও কি দাবির পথের আন্দোলন!
এ আন্দোলন তো পারত শান্তি বয়ে আনতে!
এ আন্দোলন তো পারত রক্তে নয় দাবির জয়ে চন্দন তিলক পড়তে।

52. আমি ঠিক তোমার কাছে কেমন

আমি ঠিক তোমার কাছে কেমন,
জানতে ইচ্ছে করে।
অনেক বার তোমাকে জিজ্ঞেস করতে ইচ্ছে করেছে।
কিন্তু পরক্ষনেই মনে হয়েছে এর কি কিছু ব্যাখ্যা আছে!
তোমার কাছে এ প্রশ্ন করলে উত্তর তো একটাই আসবে!
জানা উত্তর ,প্রতিবারে যেটা দাও।
"কেন তুমি তো আমার স্বর্গ,আমার ভগবান,তুমি কি আমার কাছে খারাপ হতে পার!"
"আমি তো ছোট্ট নদী ,সাগরের বর্ণনা করি কীভাবে"
কিন্তু,জানো কী সাগর এর বর্ণনা সে তো ওই ছোট্ট নদী কে নিয়ে গর্বিত।
তবুও ভয় করে,তবুও ভয় করে তোমার কাছে প্রশ্ন করতে।
আমি ঠিক তোমার কাছে কেমন?
কিন্তু তুমি তো কখনো জানতে চাওনি।
তুমি কখনো জানতে চেও না,
তুমি ঠিক আমার কাছে কেমন?
জানতে চেও না কখনো।
জানতে চেও না কখনো,তুমি ঠিক আমার কাছে কেমন?
কোনো ব্যাখ্যা নেই আমার কাছে,তোমাকে বর্ণনা করার মতো কোনো শব্দ আমার কাছে নেই।কোনো ছবি আঁকার মতো কোনো রঙ নেই,কোনো রামধনু নেই।
বর্ণনা করার মতো কোনো বৃষ্টি নেই,কোনো মেঘের আক্ষেপ নেই।

আমায় প্রশ্ন করোনো কখনো।
আমার কাছে কোনো জবাব নেই।
কখনো তোমাকে নিয়ে লিখতে পারি নি,
সময় দিতে পারি নি।
স্বপ্নে এসেছি কিনা তোমার আমি জানি না।
অনেক প্রেম দিতে পেরেছি কিনা জানি না।
প্রেমেতে প্রেমেতে কানায় কানায় তোমাকে পূর্ণতা দিতে পেরেছি কিনা জানি না।
এক পাহাড় সমান ভালোবাসি তোমাকে।
সেটাও হয়তো বোঝাতে পারি নি।
তাহলে কোন মুখে জানতে চাই তোমার কাছে।
আমি ঠিক তোমার কাছে কেমন!
কখনো তোমার মুখের হাসির কারণ হতে পারিনি।
কখনো তোমার খোঁপায় একটা গোলাপ গুঁজে দিতে পারি নি।
কখনো অনেক সময় তোমার কোলে মাথা রেখে তোমায় দেখে যেতে পারি নি।
কখনো গোধূলির আলোয় হাতে হাত রেখে বলতে পারি নি,
আমি তোমাকে ভালোবাসি।
তাহলে কোন মুখে বলবো,
কোন মুখে প্রশ্ন করব!
আমি ঠিক কেমন তোমার কাছে।
আমি তো এমন,পারি না বলতে।
পারি না বোঝাতে গুমরে থাকি,একা থাকি নিস্তব্ধে কাঁদি।
কেন কাঁদি তা তোমাকে বোঝাতে পারি না।
তাহলে কোন মুখে নির্লজ্জের মতো তোমার কাছে জানতে চাইবো।
আমি ঠিক তোমার কাছে কেমন?

53. ধোঁয়া

ধোঁয়া! হ্যাঁ হ্যাঁ ধোঁয়া চারিদিকে।
অন্ধকার বিষাক্ততার মাত্রা ছাড়ানো এই ধোঁয়া।
কোনো সকালে পাড়ার মোড়ের ধোঁয়া।
একটু অনুভব করে দেখ স্বপ্ন কাগজ পড়ানো ও।
ফেলে গেছে কোনো বেকার,বেকারত্বের জ্বালায়।
হয়তো বা সে নিজেই স্বপ্ন পড়ানো ডোম।
ধোঁয়া! হ্যাঁ ধোঁয়া চারিদিকে।
ধোঁয়ার নাগপাশে বন্দী জন জীবন।
কুঁড়ে ঘর জ্বলছে, দারিদ্রে পুড়ে যাওয়া ধোঁয়া।
ললাটের লাল সিঁদুর মিশেছে ধোঁয়ায়।
রক্তবর্ণ করেছে ধারন ক্ষিদের বসন গায়ে।
অভাব হয়েছে বাহন আশাহীন ধোঁয়ায়।
ধোঁয়া ! হ্যাঁ হ্যাঁ ধোঁয়া চারিদিকে।
আকাশ ফুঁড়ে আবাহন চিমনির।
চিমনির বুক পড়ানো অসংখ্য ধোঁয়া।
সৃষ্টির দৌলতে পুড়িয়েছে নীজেকে।
ধোঁয়ার। বিবরণ দিয়ে যায় কালের চক্রে।
বাতাসে মিশেছে কিছু দূষিত ধোঁয়া।
ধোঁয়া! হ্যাঁ হ্যাঁ ধোঁয়া চারিদিকে।
জনতার বেশে জনপ্রতিনিধির আবিস্কার এ ধোঁয়া।
ছিন্নভিন্ন করে দিয়ে যায় কর্ম জনসেবার।
উপহার মিলে যায় সাদা দশ হাতের থান।
ধোঁয়ার হয় আগমন,ধোঁয়ায় যায় মিশে।
জনতা মিলে যায় জনপ্রতিনিধির বেশে।

ধোঁয়া! হ্যাঁ হ্যাঁ ধোঁয়া চারিদিকে।
দু নলা বন্দুকের সামনে দাঁড়িয়ে জীবন।
ছোট্ট একটু ধোঁয়া,উড়ে যাবে পাখি।
ইতিহাস হবে জীবন ছোট্ট ধোঁয়ার মাঝে।
মনে রবে কিছুদিন তারপর ধোঁয়ার মত রবে।
কখনো দেখা যাবে আকাশে কখনো রাতের আঁধারে।
ধোঁয়া! হ্যাঁ হ্যাঁ ধোঁয়া চারিদিকে।
হিংস্র ধোঁয়ার আস্তরণে ঢাকা এই ভুবন ভবন।
ধোঁয়ার নেশায় প্রতিদিন ঝরে রক্ত।
ফিনকি দিয়ে উঠে ছিটকে পড়ে সাদা কলারে।
কোনো এক ধোঁয়ার আস্তরণে ধুয়ে যায়।
রক্ত ধোঁয়ার দাগ থেকে যায় জীবনের কলারে।
ধোঁয়া! হ্যাঁ হ্যাঁ ধোঁয়া চারিদিকে।
ধর্ণা ,অনশন,আন্দোলন এ একরাশ ধোঁয়া।
স্বপ্ন দেখায় একদল,স্বপ্ন কাড়ে একদল।
মাঝে শুধু উড়ে আশার একরাশ ধোঁয়া।
অশ্রু ঝরা ডিগ্রির কাগজ বেয়ে গড়ে রায়।
শুধু মিথ্যে আশ্বাস বিশ্বাসঘাতকতার ধোঁয়া।
ধোঁয়া! হ্যাঁ হ্যাঁ ধোঁয়া চারিদিকে।
বৃষ্টি নামেনি এক পক্ষকাল এই কাননে।
অর্থের মাদকে নেশায় মত্ত জ্বালিয়েছে আগুন।
পুড়ে যাচ্ছে মানবতা পূর্ণ চামড়া গুলো।
চামড়া পোড়া বিকট গন্ধ আর শুধু ধোঁয়া।
এই আগুন থামানোর যেন কেও নেই,শুধু ধোঁয়া।
ধোঁয়া! হ্যাঁ হ্যাঁ ধোঁয়া চারিদিকে।
মেঘ ঝরা খন্ডের মতো ঝরে পড়ে বারুদের স্তুপ।
মশাল হাতে দাঁড়িয়ে রক্ত শোষিত মানব মূর্তি।
ধোঁয়ায় ভরেছে চারিদিক দুষিত সমাজ।
বর্বরতার ছাড়িয়েছে মাত্রা পাহাড় সমান স্তুপ।

ধোঁয়া! হ্যাঁ হ্যাঁ ধোঁয়া চারিদিকে।

54. অসুস্থ ভীষন

অসুস্থ ভীষন, অসুস্থ ভীষণ গোটা সমাজ।
অসুস্থ প্রতি মন,পথ ,পথের উপর হাজার পা।
সকালের পা গুলো শক্ত সমর্থ,কিন্তু বিকেলের পা ক্লান্ত দূর্বল।
কিন্তু তবুও এত ব্যাস্ততা নিয়েও কিছু লোকে ভাবে হিংসা নিয়ে।
কি করলে দ্রুত বদলে ফেলা যায় গোটা চিত্র।
কি করলে রক্তের দেখা মিলবে,রক্ত দিয়ে অকালে খেলবে হোলি।
কি করলে রাঙিয়ে দেওয়া যাবে গোটা শরীর।
কিছু লোকে ভাবে এসব,করে কিছু লোকে।
আলাদা আলাদা ডিপার্টমেন্ট ভাগ করা সরকারি অফিসের মতো।
তবে সরকারি অফিসের মতো প্রতিদিন এরা আসে না।
এরা আসে কোনো বস্তু নির্বাচনের সময় বা রাজার কোনো প্রয়োজনে।
রাজ পেয়াদার চাকরি করে এরা।
আমি বয়ে যাওয়া রক্ত গুলো দিয়ে দেওয়ালে লিখে দেই।
অসুস্থ সমাজ!গোটা সমাজ ভীষণ অসুস্থ।
প্রতিদিন অর্থের একটা খেলা হয়।
দুই পক্ষের খেলা হয় এক স্টেডিয়ামে।
সত্য আর মিথ্যের সঙ্গে।
কোনো টাইব্রেকার হয় না, খেলার রেজাল্ট একদম পরিস্কার।
আমরা যারা প্রতিদিন নিরপেক্ষের চাদর জড়িয়ে দর্শকাসনে বসে দেখি।
আমরা প্রতিদিন লক্ষ্য করি একজনের জয়।
প্রতিদিন অতি অনায়াসে হারিয়ে দিয়ে যায়।
কিছুটা একপক্ষ ম্যাচ।
প্রতিদিন একজন উইনার,একজনের উল্লাস।

একজনেরি সেলিব্রেশন।
প্রতিদিন সত্যের হার হয় মিথ্যের কাছে।
সত্যি প্রতিদিন হারে,
এটাই বাস্তব অস্বীকারে জায়গা আমার কাছে অন্তত নেই।
আদর্শ গুলো সামনে রেখে সত্যের সমর্থক প্রতিদিন চিৎকার করে,চোখের জল ফেলে।
আর যারা আদর্শ বিসর্জন দিয়ে মিথ্যেকে সমর্থন দিয়ে যায়।
তাঁরা পেছনে বসে হাততালি দিয়ে হাহাহা করে হেসে যায়।
তারপর আসে তাঁরা,রক্ত নিয়ে হোলি খেলতে।
পুরো সিস্টেম টা অসুস্থ।
সিস্টেমের গোড়া পচেছে।
সেই সিস্টেমের নিচে দাঁড়িয়ে পুরো সত্য কে গ্রাস করেছে।
সত্য ধর্ষন হচ্ছে প্রতিদিন,প্রতি মুহূর্ত সে ধর্ষনের যন্ত্রণায় চিৎকার করছে।
সমাজ ব্যাস্ত,শহরে কোলাহল বেড়েছে।
চিৎকার শুনতে পাই নি।
আমি অনুভব করি সত্য তোমার যন্ত্রণা।
আমি বুঝতে পারি ক্রমশ অসুস্থ হচ্ছে সমাজ।
প্রতিবাদ যারা করে তাদের ওই অর্থের চাপে শিরদাঁড়া ভেঙেছে।
সত্য ধর্ষন হচ্ছে প্রতিদিন একদল অনিষ্ট জীবানু ধর্ষন করছে প্রতিদিন।
মোমবাতি,মিছিল ,মৌনতা দেখি নি অনেকদিন।
অসুস্থ ভীষণ! গোটা সমাজ ভীষণ অসুস্থ।

55. জীবন্ত প্রেমিক

আমার সঙ্গে তাঁর প্রথম দেখা গোধূলি বিকেলে শীতের গাঁদা ফুলের উপর।
হলুদ ফুলের উপর তখনও সে শুঁকে চলেছে বিস্তর গন্ধ।
আদ্য প্রান্ত চমকানো রঙের রামধনু মেশানো রঙের ডালি শরীরে।
দেখলে ও শরীর ছুঁয়ে দেখতে ইচ্ছে করে।
নেশা ধরায় মনে,ছুটি চলে পাগলের মত।
মনে হয় ওর সঙ্গে ওর দেশে জন্ম জন্মান্তর দেই পাড়ি।
সেখানে আকাশ কেমন?নীল নাকি এখনো বর্ষা শেষ হয়নি!
সেখানে শুনেছি ফুলে দের বাস পাহাড়ের কোল বেয়ে।
শুনেছি গুনগুনিয়ে গান করে আর পা দোলাই দাওয়ায় বসে।
পূর্ণিমা রাতে শ্বেতবর্ণে ঝর্ণা নামে পাহাড়ের গা বেয়ে।
শুনেছি ভোর রাতে ধোঁয়ার মত কুয়াশা দেবদারু গাছের বনে মাদক ছড়িয়ে দেয়।
সূর্য উঁকি দেয় হালকা শিস দিয়ে,
সেখানে দেখেছি তোমাকে একবার।
হাজার জোনাকি সাথে নিয়ে জ্যোৎস্না দেখতে বেরিয়েছিলে।
এখন তোমায় দেখছি দুটো ঠোঁটে চুমু দিয়ে চলেছো ফুলের উপর।
আমি যে কতকাল অপেক্ষায় ঠোঁটের পরশের।
আমি যে শতাব্দী ধ্যানে মগ্ন তোমার আশায়।
প্রজাপতি! আমার ক্ষনিকের দেখা জীবন্ত প্রেমিক।
ও রূপ আমি সে পাহাড়ের কোলে দেখেছি।
প্রজাপতি!

56. নদীর কাছে অভিমান

এই নদী শোন না! আমার তোকে কিছু বলার আছে।
না ঠিক বলা নয় অনেক অভিমান আছে তোকে দেওয়ার।
এতো ভালোবাসি তোকে এত আদর জানিয়ে তোকে আঁকড়ে রাখি।
তবুও তুই ভাঙলি কেন আমার ঘর?ভাসালি কেন আমার উঠোন?
ভরিয়ে দিলি আমার সোনার মাঠ, ভাসিয়ে দিলি গাঁ?
জানিস তোকে বনের থেকেও বেশী ভালোবাসি।
কারণ বন স্থায়ী আর তুই চলমান তুই প্রবাহমান।
কত ঠিকানায় কড়া নাড়িস তুই,কখনো নাড়ির যোগে বিলীন।
কখনো এত বন্য হয়ে উঠিস কেন?কত ভয় করে আমার।
এমন ভাবে ছাপিয়ে উঠিস বুঝি এই ভাঙলো তোর বাঁধ।
এমন ভাবে কেঁপে উঠিস বন্য গর্জনে তর্জন করিস।
কাঁপন ধরায় বুকে ধ্বংস হলো বুঝি তোর উদ্যান।
আবার দেখ কেমন শান্ত শীতলতায় স্নেহ ভরে কাছে নিস ডেকে।
নদীরে তোর সঙ্গে আড়ি অনেক অভিমান জমেছে মনে।
গত বসন্তে যে চিঠিখানা কাগজের নৌকা বানিয়ে ভাসিয়ে দিলাম,উত্তর কেন দিলি না বল?
পৌঁছে দিয়েছিলি তাঁর কাছে ? ঠিক ঠিকানায় দিয়ে ছিলি তো?
নাকি তোর ওই অবাধ্য ঢেউ এ তাকেও ডুবিয়েছিস?
বুঝেছি বুঝেছি হারিয়ে ফেলেছিস!জানি পারবি না সামলাতে।
ওই কথার ভার সেও তো কম নয়,সহ্য হয়না।
হৃদয় বিদীর্ণ করে অসহ্য যন্ত্রণা আহ্ যেনো শত হাড় ভেঙেছে শরীরে।
নদী তুই যা আর কোনো অভিমান নেই তোর কাছে।
আমার ঘর আমি আবার গড়ে নেব দেখি তুই কত ছিন্ন করিস এই

দেহ।

57. এ যেন এক অন্য রকম দিন

এ যেন এক অন্য রকম দিন।
বর্ণময় রামধনু আঁকা আকাশ,
বর্ষা শরতের মিলন মেঘের সমাগম।
আর তোড়জোড় দেশ জুড়ে উদযাপনের।
সবুজ ধান ক্ষেতের মধ্যে দিয়ে খেজুর গাছের পাতার মধ্যে দিয়ে,গোধুলির বিকেলের আলো সঙ্গে নিয়ে সাগরের ঢেউ,ঢেউ এর সাদা ফেনায়।
আমার দেশের তিন রঙ আমি দেখতে পাই।
তিন রঙে ভারতের আকাশ রাঙানো।
এ দেশের মাটি,নদী,জল,সবুজ বনানী,সাগর, আকাশ,বাতাস আজ যেন একটু অন্য রকম।
ত্রিরঙে সাজানো গোছানো আনন্দ মুখোর।
এ উৎসব বিশেষ জাতি, বিশেষ ধর্ম,বিশেষ বৈশিষ্ট্য, বিশেষ কর্মের নয়।
এই উৎসব সকল ভারতীয়র,এই উৎসব কোটি কোটি ভারতীয়র।
এই উৎসব, সে সমস্ত শহীদের উৎস্বর্গীয় প্রাণ এ মাটির উপর বলিদান।
এই উৎসব তাঁদের।
আজ ভারতবর্ষের প্রতি ঘরে ঘরে উড়ছে পতাকা।
এত উদযাপনের মধ্যেও আকাশের কোনো কোনে যেন একটু গুমরো।
রয়ে গিয়েছে ব্যবধান।
তুমি আর আমির মধ্যে বিস্তর ব্যবধান।

তুমি ভারতীয় আমি ভারতীয়র মধ্যে রয়েছে বিস্তর ব্যবধান।
ভারতীয় অট্টালিকার সঙ্গে ভারতীয় কুটিরের রয়েছে বিস্তর ভেদাভেদ।
ভুক্ত ভারতীয়র মধ্যে অভুক্ত ভারতীয়র রয়েছে ভেদাভেদ।
জননেতা আর জনগনের মধ্যে রয়েছে বিস্তর ব্যবধান।
স্বাধীনতার পঁচাত্তর বছর পরেও এই ভেদাভেদের লাঠি টা কেন
ভাঙতে সক্ষম হয়নি?
কেন সবাই ভারতীয় হয়েও পরিচয়ে ভারতীয় হয়েও এত ভেদাভেদ।
ভারতের আকাশ টা গুমরো,আক্ষেপ নিয়ে আছে এত গুলো বছর।
এ যেন এক অন্য রকম দিন।

৫৪. যদিও আর কখনো দেখা হবে না

যদিও আর কখনো দেখা হবে না।
যদিও আর কখনো তোমাকে ছোঁয়ার স্পার্ধা হবে না।
আর কখনো এক সাথে ট্রামের মধ্যে তোমার কাঁধে আমার মাথাটা ঝুঁকে পড়বে না।
আর কখনো এক ছাতার নীচে দাঁড়িয়ে মাথা বাঁচিয়ে শরীর আর ভিজবে না।
জ্বর আসলেও ওষুধের কথা আর তুমি মনে করাবে না।
পাগলের মতো আর তুমি খোঁজ নেবে না।
মাথা টিপে দেবে না আর কখনো।
কোনো পাহাড়ের নিচে দাঁড়িয়ে,হাত দুটো ছাড়িয়ে আর কখনো আমার নাম ধরে চিৎকার করবে না।
আমার জন্য আর কখনো স্কুলের গেটের সামনে অপেক্ষা করবে না।
তোমাকে ভালোবাসি! তোমাকে ভালোবাসি বলে আর কখনো তুমি জড়িয়ে ধরবে না।
আজ স্মৃতির বহুমুখী দরজা উন্মোচন হয়েছে।
বিশাল সাজানো স্বপ্ন স্মৃতির স্রোতে ভেসে চলেছে তোমার দেখানো স্বপ্ন বাগিচা।
আর কখনো তোমাকে আমার সামনে দাঁড়িয়ে সরি বলতে হবে না।
আর কখনো আমার আবদার গুলো পূর্ণতা দিতে পারবে না বলে চোখের জল ফেলতে হবে না।
আর কখনো আমার ফোনের এক ঘেঁয়েমী কলার টিউন তোমাকে আর বিরক্ত করবে না।

আর কখনো আমার ফোনের ব্যাস্ততা তোমাকে রাগিয়ে তুলবে না।
আর কখনো আমি রাগ ভাঙিয়ে দেওয়ার পর চোখের জল গড়াবে না।
অন্য গৃহের তুমি আজ ঘরণী।

59. একটা বিস্ফোরন হলে বোধ হয় ভালো হতো! *

একটা বিস্ফোরন হলে বোধ হয় ভালো হতো!
চারিদিকে ছড়িয়ে পড়তো পড়ন্ত সুতোর টুকরো।
এখানে পড়ত এসে বিবেক পড়ানো কালো নিস্ক্রিয় বিস্ফোরক।
ছড়িয়ে থাকতো বেঁচে থাকা নিস্ক্রিয় বোবা লাশ গুলি।
নরখাদক কীটের পরিবর্তে ভূগর্ভ থেকে উত্থাপিত হতো সে প্রতিবাদী যুবক।
এত কাল যে যুবক নোংরা ফাইলের নীচে চাপা ছিলো।
তাঁর ফিরে আসা বোধ হয় ভালো হতো!
একটা বিস্ফোরন হলে বোধ হয় ভালো হতো!
অতি রঞ্জিত ওভারব্রিজের নীচে যারা এতকাল চুপ ছিলো,
তাদের বিস্ফোরিত হওয়া উচিত ছিলো।
উচিত ছিলো, যে মুখের মিথ্যা ভাষণ কান ঝালাপালা করছিলো।
সে মুখের উপর অধিকারের হিসেবের তালিকা টা ছাপিয়ে দেওয়া।
একটু বিস্ফোরক হয়ে ওদের মিথ্যা গল্পের ঝুলিটাকে আগুনে পুড়িয়ে ছাই করে দেওয়া।
ওরাও বিস্ফোরিত হতে পারে নি,পেঁতেছে শুধু হাত।
একটু বিস্ফোরন হলে ওদের মন,বোধ হয় ভালো হতো।
একটা বিস্ফোরন হলে বোধ হয় ভালো হতো!
একটা জন বিস্ফোরন হওয়া উচিত ছিলো।
একটা বিস্ফোরনে কম্পিত হওয়া উচিত ছিলো ভূমির রূপ।
কিন্তু এ তো ভেজা নেভানো সলতে, গরম হলেও সূর্য উঠার আগে পর্যন্ত এ প্রতিবাদী।

একটা দাঙ্গা শুরু হলে ভালো হতো,ভেঙে পড়তো হয়তো নতুন
ইমারত,
রাস্তা জুড়ে ছড়িয়ে থাকতো চুন সড়কি আর পাথরের টুকরো আর
কিছু কাঁচা রক্ত।
কিছু জন নিত শিক্ষা আর নতুনের হতো আবিস্কার।
একটা বিস্ফোরন হলে বোধ হয় ভালো হতো!
বহুদিন পরিবর্তন হয়নি রক্তে রাঙা মাটির তল।
আজ এই ভূমি বিবর্ণ লাল নাকি কসাই খানার রঙধনু?
একটা বিস্ফোরণে চাপা পড়া সে গলিত সম্পদ ফিরে পেতে চাই।
তবে এবার সে ফিরে আসুক শক্ত বজ্র হয়ে ঝরে পড়ুক।
ছড়িয়ে দিক বিষ শোষণ কারীর মানবতা হীন শরীরে।
ফিরে আসুক সে "সুদর্শন" হয়ে ঘুরে দেখুক পৃথিবী।
ছিন্ন করুক ঘুরে বেড়ানো আজকের শিশুপালের মস্তক।
একটা বিস্ফোরণ হলে বোধ হয় ভালো হতো!
ভেঙে পড়তো পাহাড় সমান উঁচু ইমারত।
ছড়িয়ে পড়ত অট্টালিকার অহংকার পথের উপর।
কুটিরের সঙ্গে ঘটত মিলন,মেলানো ফুটপাথে।
পাহাড় পেত রেহাই পাখিদের কষ্ট যেত কমে।
আকাশে মিলত দেখা,জ্যোৎস্না রাতের মেঘে।
অট্টালিকা পেত খুঁজে চাঁদের দেখা ফুটপাথে,
একটা বিস্ফোরণ যদি ঘটত!
একটা বিস্ফোরণ হলে বোধ হয় ভালো হতো!
কোনো এক লাইনে গর্জে উঠত মন সন্ধানের খোঁজে।
মার মার উঠত রব পড়ত যদি গালাগালি।
এক বার দেখ ভেবে গড়েছি নিজ হাতে।
মারো তবে নিজ হাতে নিজ গালে না হলে পশ্চাদপদে!
তব ভুলে নেই ক্ষমা দাবি নিয়ে পথে ঘাটে।
পোষ্টারে খরচ উঠে করের দাবি করেই মেটে।

একটা বিস্ফোরণ হলে বোধ হয় ভালো হতো!
পটাসিয়ামের খোঁজ পেতাম জঙ্গলের দ্বারে দ্বারে।
আহত যুবক শুয়ে থাকত পথের উপর।
অপেক্ষায় কখন কোনো ট্রাক এসে পিষে যায়।
নির্মম সিস্টেমের প্রাসাদে একটা বিস্ফোরণ হোক।
মিশে যাক ধুলোয় এ গোটা সাম্রাজ্য কুটিকুটি হয়ে।
নতুন ফুলের নিক জন্ম পথের ধারে ধারে।
একটা বিস্ফোরন হলে বোধ হয় ভালো হতো!
আহুতি দিত একদল নব্য যুবক,নতুন দিশারীর আবিস্কার হেতু।
একলব্য হয়ে হয়তো দেবে গুরু দক্ষিনা।
কুটিরে বাসের জন্য হয়তো এমন সংবর্ধনা।
নতুন দিনের হবে হয়তো আগমন সন্ধ্যে নামার সাথে সাথে।
ধুতরা ফুলে জয়গাঁথা গাঁথা হবে বাগিচায় বসে।
হয়তো একটা বিস্ফোরণ হলে ভালো হতো!
একটা বিস্ফোরন হলে বোধ হয় ভালো হতো!
ঝরে যেত অমানবিক বিবেকের কারখানা।
গলে যেত অ্যাসিড এ প্রমাণে কাগজ থানা।
নিরুদ্দেশ হত চোখের আড়ালে বিষের কারখানা।
একবার ঝলসে উঠতো যদি একটা বিস্ফোরণে সে পথের শিশুটি।
আঙুল ভাঙতো তাঁদের অন্ধকারে হাত উঠে যাদের।
পচা হাতে দস্তানা পরাতো,যদি একবার বিস্ফোরণ হত!
একটা বিস্ফোরণ হলে বোধ হয় ভালো হতো!
কাটলেটের প্লেট থানা উড়ত হাওয়ায়,ভেঙে যেত ডাইনিং টেবিল।
গুড়িয়ে যেত দামি গ্লাসের সেট থানা হুড়মুড়িয়ে পড়ত পথের পাশে।
দেখা হতো ভাতের মালিকের সাথে মাঠের পাশে।
একটা বিস্ফোরণ যদি হতো দেখা মিলত এসে ভেদাভেদ।
মিশে যেত মাঠের পাশে নদী খালের সঙ্গমে ধানের ক্ষেত।
ভাতের মালিক পেত ভাত জমির আলে বসে,একটা বিস্ফোরণ যদি
হতো!

একটা বিস্ফোরণ হলে বোধ হয় ভালো হতো!
ঘন অরণ্যে ঘোর ঘন কালো অমাবস্যায়।
ছড়িয়ে পড়তো কিছু আলো জন অরণ্যের মনে।
সঙ্কোচ হত দূর, নোংরা সিস্টেমের উপর উঠত গর্জে।
ভেঙে যেত হয়তো পাহাড় সমান অন্যায়।
শান্ত ধারায় নদী যেত ফিরে,অরণ্যে নামতো শান্তি।
যদি একটু বিস্ফোরণ হত বোধ হয় ভালো হতো!
একটা বিস্ফোরণ হলে বোধ হয় ভালো হতো!
আলোর আকাশ থেকে খসে পড়তো অস্ত্র,জন সায়রে।
ভীম হাত হতে গদা কিংবা সে ভয়ানক পরশুরাম কুঠার।
নিঠুর মনের গলা দিত চিরে ঝরে যেত রক্ত সাগরের গভীরে।
সাগরের জল উচলে ঢেউ এ হত প্লাবিত।
ভেঙে যেত অত্যাচারীদের বাসা ভেসে যেত জলের গতিতে।
শান্ত হত এ ভূমি,যদি একটু বিস্ফোরণ হত বোধ হয় ভালো হতো!

৬০. একটা কবিতা লিখতে চাই

আমি একটা কবিতা লিখতে চাই।
আধ খোলা নগ্ন সমাজের গন্ধ নিতে চাই।
হাজার বাস্তবের মাঝে নিজেকে উপস্থিত করতে চাই।
হাজার খারাপ গুলো উপলব্ধি করতে চাই।
অন্ধত্ব দশায় যারা পড়ে পুরোনো সিকির মতো,
তাদের কথা ভাবতে চাই।
খোলা সমাজের মানবতা বিক্রি হচ্ছে সেদিন,
ভেঙে পড়া ব্রিজের নীচে।
দর দাম চলছে লাশ কেনা বেচার,স্ট্যাম্প পড়ছে জোর কদমে।
এ আমার ও আমার আমি ওকে বেশি দামে কিনেছি।
আমি একটা কবিতা লিখতে চাই।
দাউ দাউ করে জ্বলে উঠা বিবেক টাকে দেখতে চাই।
মাটি দিয়ে পড়ানো বেকার কিনতে চাই।
নোংরা সিস্টেম এর পাঁজর জোড়া ভাঙতে চাই।
আমি একটা কবিতা লিখতে চাই।
রাত অন্ধের অন্তনীলে ধর্ষক পুরুষ কে দেখতে চাই।
নিজের সব শক্তি দিয়ে গোলা টিপে দিতে চাই।
নোংরা জানালার কাঁচ মুছে তোমার মন টাকে পরিস্কার করতে চাই।
আবিস্কার করতে চাই,
আমি একটা কবিতা লিখতে চাই।
মানুষ কিনে মানুষ বেচা অহংকার দেখতে চাই।
আমি খোলা ফুটপাথে রাজপুত্তের দেখা পাই।
তুমি ধরেছো, শরীর নেবে ?
মন পাবে ?

আমি একটা কবিতা লিখতে চাই।

61. কোনো একদিন

কোনো একদিন মিলবো এসে বিদ্যাধরীর পাড়ে।
আকষ্মিক খসে পড়বে নক্ষত্রেরা ঝিরিঝিরি।
নির্জন মনের ভেতর রাত কাটাবো।
সেদিন যদি নষ্ট হয় মন তবে নষ্টা উপাখ্যান মিলবে এসে ভারী।
খড়কূটো আঁকড়ে ধরে ভেসে যাব নোনাজলে।
কোনো এক নৌকার পালে যাব জড়িয়ে,
গোধূলির রক্ত আলোতে হবো মাখামাখি।
সেদিনের লজ্জা যাবে ধুয়ে মুছে,চুমু দিয়ে যাবে পাখি।
কলঙ্ক না হয় লাগবে দুজনের ,হাওয়ার আগে ছড়িয়ে পড়বে খানি।
কোনোদিন মিলব এসে মেঠো বাঁকা পথে,
ঝিরিঝিরি বৃষ্টির সাথে নোনা ধুলোর উপর।
কোনো এক করঞ্চা গাছের ডালে ফিঙে হয়ে দুলে যাব।
বা কোনো সাদা বক হয়ে বিদ্যাধরীর বুকে গগনে মিশে যাব।
কোনোদিন কোনো বটের ছায়ায় হাতের হাতে ছোঁয়া দুজন।
মিশে যাবে রঙ গোধূলির মেঘে ঠোঁটের আড়ালে।
খসে যাবে উল্কা গভীর পূর্ণিমা রাতে নিঃসঙ্গ বাতাসের সাথে।
অদ্ভুৎ আদরে জড়াবে গলা কোনো এক পায়রার ঝাঁক।

62. তিন শত বছর পর

আজ থেকে তিন শত বছর পর যদি তুমি আমি গঙ্গা পাড়ে হেঁটে যায় তবে দেখতে পাব।
এ সময়ে শান বাঁধানো পাড়ে কত প্রেমের সমাধি,হয়তো তুমি আমি ও শুয়ে।
হয়তো জাপটে ধরে খুবলে খেয়ে যাবে একরাশ পোকা।
হয়তো তুমি আমি ও বন্দী শেষ কাঠের কফিনে তাকিয়ে গগনে।
আজ থেকে তিন শত বছর পর হাঁকাবে সে হকার,অসুখের ওষুধ আমার কাছে।
হয়তো ছাপ লেগে রবে বন্ধ ঘরে রক্ত জমাট লাল রং।
সে এক নাম আগাছায় মোড়া জাপটে ধরে খসে যাবে।
আজ থেকে তিন শত বছর পর যদি গঙ্গা পাড়ে হেঁটে যায়।
ও স্রোতের তল খুঁজে দেখো আমাদের নাম পাবে লেখা পাথরে।
এ শহরের ভোটার লিস্টেও কফি হাউসে বিলের পাতায় আমাদের ও নাম রবে।
আজ থেকে তিন শত বছর পরে ও ময়দানে কুঁড়িয়ে পাব ঠিক তোমার হাসি।
এক পত্র ভাসবে গঙ্গা পাড়ের ঘাটে তুমি আমি দেখতে ঠিকি পাব।
আজ থেকে তিন শত বছর পরে এ অসুখ বন্দী হবে চিড়িয়াখানায়।
মৃত লাশের ছাপ ঠিকি খুঁজে পাব,মৃত কঙ্কালে ভরে রবে।
আজ থেকে তিন শত বছর পর হেঁটে যায় শহরের মাঝ বরাবর।
খুঁজে পাবে আর্তনাদ চাঁপা পড়ে জীবনের খোঁজে।
আজ থেকে তিন শত বছর পরে দেখবে সুস্থ কুঁড়ি তোমার খোঁপায়।
সাজিয়েছে ডালে কচি কচি পাতা কি যে খুঁজে যাবে হাত।
আজ থেকে তিন শত বছর পর দেখা হবে এ শহরের বুকে।

ব্যাস্ত রাস্তার বুক চিরে দেবো দেখবে তুমি তাকিয়ে।
দেখা হবে তিন শত বছর পরে।

63. শুধু স্বরূপ দেখি কবিতার

আমিও কিছু লিখতে পারি,
আমিও কিছু বলতে পারি।
আমিও তোমার চোখের জল
উপলব্ধি করতে পারি।
আমিও তোমার প্রতি বিষাদের
প্রতি বিষ নিজ রক্তে মেশাতে পারি।
আমিও তোমার যন্ত্রণার প্রতি বেদনা
মাখতে পারি বুঝতে পারি।
আমিও তোমার গল্প উপন্যাসে লিখতে পারি।
গোছাতে পারি তোমার চরিত্র,
এক বট বৃক্ষ না হোক তৃণ চাদরে রাখতে পারি।
তবুও একটু স্নেহ মেলেনা কপালে।
তবুও একটু সহানুভূতি মেলেনা।
আমি ভালোবাসি লিখতে,
তবুও কোনো আশা পাইনা ভরসা পাইনা।
শুধু তো চাই একটা শব্দ।
তাও মেলে না,শুধু মেলে ধিক্কার।
স্নেহের প্রয়োজন নেই।
এক টুকরো তো দেখে বলতে পারো।
ভালো হয়েছে লেখাটা।
জানি সবার জীবন টা সবার ইচ্ছে টা,
পরবে পরবে সাজাতে পারি না।

তবে সামান্য কিছু তো ছুঁতে পারি।
একটা কথা জানো কি ।
আমি স্বরূপ দেখি কবিতার।
তোমাদের সমাজের,কষ্টের তোমাদের দাবীর,
তোমাদের বিষাদের ,তোমাদের ভাঙা সম্পর্কের
টানাপোড়েন সবটাই লিখি।
শুধু নিজের বলতে,
কিছু বলতে পারি না।
লিখতে পারি না।
শুধু স্বরূপ দেখি কবিতার।

64. ঢেউ

এক আক্রোশের ঢেউ উঠে জন জাগ্রত পথের উপর।
সে ঢেউ উন্মাদ ছুটে চলে জন পথের উপর দিয়ে ধ্বংসের আকার করে ধারণ।
সে এক জনস্রোত, ফুটন্ত লাভার মতো মুখগহ্বর হতে আগুন উন্মোচন করে।
ও জনস্রোতের প্রতি জনের বুক চিরে দেখ আগুন দেখবে।
নির্ভেজাল আগুন আক্রোশের আগুন কোনো ধোঁয়া ছাড়া দাউ দাউ করে জ্বলছে।
এই রূপ শুধু তোমার জন্য,
তোমার জন্য মান হুশ ছাড়া মানুষ,দানবে রূপান্তরিত।
তোমার জন্য এ জনরোষ পাষানে ঠুকছে মাথা।
তোমার জন্য দু টুকরো এ পাথরের বুক,শুধু তোমার জন্য।
এই ঢেউ রাজপথের প্রতি আন্দোলনের ইতিহাস বদলে ফেলেছে।
এই ঢেউ এর উন্মাদ ধ্বংসাত্মক জনরোষ প্রতি অট্টালিকার ভীত ভেঙে গুঁড়িয়ে দিয়েছে।
প্রতি মিছে অহংকারের শিরা ছুরি দিয়ে কেটেছে।
এ জনস্রোত,এ জনরোষের আগুন শুধু তোমার জন্য।
আর নয় আর কোনো বাধা মানবে না এ ঢেউ।
এ ঢেউ বিশৃঙ্খল এ ঢেউ আটকানো কোনো পাষাণের সম্ভব নয়।
এ ঢেউ লোহার বেড়ী ভেদ করে ছিন্ন করেছে সকল বাধা।
ধৈর্য্যের সব টুকু পরীক্ষা সুবিধে নিয়েছো শুধু তুমি।
আজ সব ফলের বিষ টুকু শুধু নেবে তুমি।
এই ঢেউ আর দুপায়ে নেই,চার পায়ে দানব।
রাগী ক্রুদ্ধ তেজী দ্বিধাহীন এ ঢেউ।

আজ আর কোনো আন্দোলনে নেই বিচার।
এই রূপের জন্য দায়ী শুধু তুমি।

65. যদি একা লাগে

জনসমুদ্রেও যদি একা লাগে,
তাহলে বুঝে নিও তুমি বেঁচে নেই।
আমি এখনো লিখি কবিতা,
কোনো লাশ কাটা ঘরের বারান্দায়।
কখনো বাড়েনি অস্থিরতা,
ঝোলানো ফুল কার্নিশে দেখি আয়নায়।
ক্রন্দনরত এখনো সে ঘরে।
বিবর্ণ ভালোবাসা কোনো কোনে গোপনে,
মিথ্যে কেঁদে যায় শূন্য ভরা শুন্যস্থানে।
অপারগ চাউনি শূন্যের সংজ্ঞায়িত আস্ফলনে।
ছেঁড়া কলিজা সুতো জোড়া এক শক্ত বাঁধনে।
সেখানে ঠোঙা বন্দি কোনো ভালোবাসা,
ভূমিকায় মিথ্যে আর উপসংহারে সত্যি বুনে যায়।
যে কপটতার ঢেউ এ আছড়ে পড়েছে পাড়ে,
শত অভিমানেও আর ফেরে না মুল বহনে।
শুধু অভিমান জমা হয় কোনো কাঁচের গ্লাসে।
কোনো কালবৈশাখী ঝড়ে নিস্তব্দে ভেঙে যায়।
ভেঙে যায় কাঁচের গ্লাস,কিন্তু অভিমান জমা থাকে।
কোনো শিকড়ের মাটি কার বুকে আচ্ছন্ন!
গাছের ছায়া না সে ইতিহাস জানতে চাই।
প্রতিদিন সদ্য জ্বলে উঠা স্বপ্ন মরে যায়।
প্রতিদিন কত লাশ এসে জমা হয়,
লাশ কাটা ঠান্ডা ঘরে।
লাশ কাটা ঘর মনে রাখে না।

কোনো সদ্য প্রেমের সমাপ্তি ঘটে ও চেরা বুকে,
জমা হয় লাশ কাটা ঘরে আবর্জনা রূপে।
প্রথাগত মিথ্যে চেতনা প্রতিদিন টেলিভিশনে।
প্রতিদিন ঝরে যায় ফুল কে মনে রাখে প্রফুল্ল কাননে।
এক নিঃশ্বাসে ঠেলে যায় এক পা দুপার ব্যবধান।
তারপর স্ফুলিং সারা শরীর জুড়ে স্বপ্ন পোড়া আগুন।
জনসমুদ্রেও যদি একা লাগে,
তাহলে বুঝে নিও তুমি বেঁচে নেই।

66. এসো পথে এসো

এসো তুমি এসো পথে এসো,
বসবো মুখোমুখি।
তর্কে তর্কে সমুদ্র উত্তাল করবো,
ঢেউ আছড়ে পড়বে জন সমুদ্রে।
যদি না মেলে সমাধান,
তবে বিশৃঙ্খলা নয়,আন্দোলন চেও।
জননেতা জন অন্তরের শুনবে কথা।
যদি না শোনে তবে দিও না ব্যাথা।
তুমিও থেকো পথে,
পথে হবে দেখা,মিলবে পথে মুক্তি।
ভোরের আলো সাথে নিয়ে যাব।
তুমি আনো যত অন্ধকারের কপোটোতা।
ভোরের ফুল ফোটাবো পথেই,
ফুটপাথে মুক্তি আছে মুড়ে।
এসো তুমি এসো পথে এসো।
যদি ঝরে তোমার আক্রোশে বৃষ্টি।
তবুও যাব না পিছনে।
কোলাকুলি হবে ভেজা শরীরে ,
পথ জুড়ে।
মিশে রব জন সাগরে স্নান করবো।
তুমি আমি মিলে যাব জন অন্তরে।
তবে লেখা হবে পাষাণ ভাঙা কবিতা।
পথের কোনে অনুসন্ধান,
মনি মুক্তা কিংবা যোদ্ধা তোমার।

এসো তুমি এসো পথে এসো,
বসবো মুখোমুখি।
শত আন্দোলনে করি সূত্রপাত।
পেটের খিদে ও ফুটপাথ,
করি আন্দোলনের সূত্রপাত।
ঝরা ফুল ,বাসি ফুল ছোঁড়া ফুল গাঁথি মালা।
তাদের নেব সঙ্গে হবে ফুলে দের আন্দোলন।
এসো তুমি এসো পথে এসো,
বসবো মুখোমুখি।

67. প্রিয় ময়ূরাক্ষী

প্রতিদিন পাল্টে যায় সাজানো গল্পের পাতা।
হৃদয়ের একূল আর ওকূল দুই কূল এখন নিঝুম সন্ধ্যের আলো।
মুহূর্তের আঘাতে তাঁর দুদিকে কিছুটা রক্তপাত ঘটেছে।
প্রতিদিন কিছু আকস্মিক স্মৃতি দের আগমন ঘটছে।
শহরের পথে কিংবা বাস স্টপে বা কোনো পাড়ার মোড়ে,চায়ের দোকানে।
এভাবেই হয়তো গল্প গুলোর শুরু হয়,
স্মৃতির নরম শিকড় গুলো আলগা মাটি আঁকড়ে ধরে।
প্রতিদিন মুখোমুখি অবিশ্রান্ত ভালোলাগা,বাঁধন হারা হাসি।
এলোমেলো চুলের কোন শরৎ মেঘের দূর্বল বৃষ্টির ঝাপটা।
ভেজা ভেজা ঠোঁট অনু গল্পের ছোটো ছোটো আলাপন।
প্রতিদিনের মুখোমুখি গভীর সমুদ্রের একরাশ টান।
কথার বাড়বাড়ন্ত রাত বাড়ে নিঃশ্বাড়ে নিঝুম পেঁচার ডাক।
বালিশে মাথা মন খুঁজে যায় জড়ানো হেডফোনে।
গুড়ো স্বপ্ন জমাট বাঁধে শরৎ হিমেল শিশিরের গায়ে।
রাতে বাড়ে কথা বাড়ে নিশি যাপনের স্মৃতি বাড়ে।
ক্রমশ প্রকাশিত হতে থাকে সকল অজানা গল্পের দুকূল।
প্রতিষ্টা পেতে থাকে সাজানো কথা গুলো স্বপ্নের অভিরূপে ছুটে যায়।
মোবাইল ফোনের গ্যালারী ভর্তি তোমার সাজানো খুশির নিজস্বী।
ছবির ছবিমহলে রঙ চঙে কোনো আদুরে বাহারী স্টাচু কিংবা কোনো প্রিয় কাঠগোলাপ।
গভীরতা বাড়ে প্রেম বাড়ে সকল চাওয়া পাওয়ায় আকস্মিক বদলে যায়।
ভালোবাসার অধিক টান, টানতে টানতে বিছানা তারপর ভেজা

ঠোঁট।
অসক্ত হয়ে যায় মন,যে মনে শুধু মেলার প্রয়াস ছিলো!
সে এখন চাওয়ায় গিয়েছে পরিবর্তিত,
লজ্জাহীন তার নগ্নরূপ।
যে প্রেম শুরু হয়েছিলো বাস স্টপে কিংবা চায়ের দোকানে।
সে এখন প্রতিদিন মিলে যায় পার্কের নগ্ন দরজায়।
কড়া নাড়ে দরজায় বেশ উচ্চস্বরে।
বন্ধু! ও বন্ধু! বন্ধুত্ব আছো নাকি!
আমি প্রেম তোমার দরজার সামনে,আমি সেই স্বার্থহীনতা'র প্রেম।
আমায় ফিরিয়ে দিও না,আমিও যে অনাথ।
বন্ধু! হ্যাঁ বন্ধু,সেই বন্ধু হারিয়ে এ লজ্জাহীনতা 'র প্রেম।
খুব দ্রুত ছুটে ছুটে যেতে একাবারে স্মৃতির সম্মুখে।
স্মৃতি স্বপ্ন আর ফোনের গ্যালারীর,প্রিয় ময়ূরাক্ষী।

৬৪. শূন্যস্থান

শূন্যস্থান! সব শূন্যস্থান পুরোন হয় না।
শৈশবে চিন্তাহীন দিন কাটানো এ কোলে ও কোলে।
ওই সব শূন্যস্থান এখন এক বিরাট আকার নিয়েছে,
নাহ্! ও শূন্যস্থান আজও পুরোন করা যাইনি।
এখন আর কোনো উৎসব উপভোগ করতে পারি না, কিশোর বয়সের মতো।
কোনো উৎসবে হাসি আসে না, হয়তো বা আসে লুকিয়ে যায় সবার আড়ালে ।
মনের সঙ্গে উৎসবের এক বিরাট শূন্যস্থান রয়েছে।
কেমন জানি, চাইলেও পুরোন করা যাচ্ছে না।
চারিদিকে এতো আলোর মাঝেও কেমন অন্ধকার আমার চারপাশে।
আলোর সঙ্গে অন্ধকারের এই না পুরোন হওয়া শূন্যস্থান।
না পুরোন করা যাচ্ছে না এই শূন্যস্থান।
প্রতিদিন ঘুমের মাঝে দেখা স্বপ্নের সঙ্গে বাস্তবের একটা শূন্যস্থান আছে।
এই শূন্যস্থানে দেখা মেলে ঘামে ভেজা জামা, আর রোদের কঠোরতা।
তবুও স্বপ্নের সঙ্গে বাস্তবেরা মিলছে না।
শূন্যস্থান রয়েছে কিছুটা, পুরোন করা যাচ্ছে না।
প্রতিদিন তাঁর সঙ্গে কথা হচ্ছে দেখাও হচ্ছে,
না খেতে চাইলে খাইয়ে দিচ্ছি, ঘুরতে চাইলে বেরিয়ে পড়ছি।
পাহাড় কিংবা সমুদ্রে বা কোনো জঙ্গলে।
তবুও তাঁর দাবির কাছে আমার সামর্থের যেন এক শূন্যস্থান রয়েছে।
প্রতিদিন রাতে সবাই ঘুমিয়ে পড়ার পর হিসেব কষে কষে সেই শূন্যস্থান পুরোন এর চেষ্টা করছি।

কিন্তু নাহ্! পুরোন করা যাচ্ছে না।
আসলে প্রতিদিন সেখানে হেরে যাওয়া টা প্রধান লক্ষ্য,
সেখানে এই শূন্যস্থান পুরোন না হওয়া টা স্বাভাবিক।
জীবন জুড়ে শুধুই শূন্যস্থান! বড়ো বড়ো শূন্যস্থান।
সেই বিদ্যালয়ের সঙ্গে দূরত্ব বেড়েছে, বড়ো শূন্যস্থান।
আজও পুরোন করা যাচ্ছে না।
একুশে মহাবিদ্যালয়ের সঙ্গে দুরত্ব সেও বড়ো শূন্যস্থান।
ক্রমশ বাড়ছে সে শূন্যস্থানের স্থান।
কিছু শূন্যস্থান হয়তো পুরোন করা যায়,
কিন্তু কিছু সম্পর্কের শূন্য-স্থান টা পুরোন হয় না।
পুরোন করা যায় না।
বৃহত্তর শূন্যের তলে এতো বড়ো বড়ো শূন্যস্থান।
ক্রমশ দূর্ভেদ্য হয়ে উঠছে জীবনের কাছে।

৬৭. ঠিক কতটা

এক অশ্রু ফোঁটায়,বেদনা ঠিক কতটা থাকে!
ঠিক কতটা মন খারাপ হলে অবসাদে যাওয়া যায়!
ঠিক কতটা অবসাদ একত্রে জমলে আত্মহত্যার স্বীদ্ধান্ত নেওয়া যায়?
ঠিক কতটা নিস্তব্ধ হলে জন সমুদ্রের থেকে নীজেকে আড়াল করা যায়?
ভাঙতে ভাঙতে ঠিক কত টুকু হলে অস্থিত্বের ক্ষয়প্রাপ্তি ঘটবে?
ঠিক আর কত পা হাঁটলে আমার ফসিলস্ দেখতে পাব!
ঠিক আর কতটা কাঁটার আঁচড়ে রক্ত ঝরলে তোমার মনের রাস্তা পিচ্ছল হবে!
ঠিক আর কতটা ভালোবাসা দিলে তুমি ঘৃণা দিয়ে সম্পূর্ণ করবে?
আর কতটুকু! আর কতটুকু বিরক্ত করলে,তুমি আমায় ছেড়ে যাবে।
আর কতটুকু বিশ্বাস করলে নিঃশ্বাস আমায় ভরসা দেবে কিছু সময়ের।
আর কতটুকু ধৈর্য্য ধরলে তোমার আঁকা ছবিতে সব টুকু রঙের ছোঁয়া দিতে পারব।
আর ঠিক কতটা অপমানিত হলে,তোমার ওই ঠোঁটের কোনে হাসি দেখতে পাব।
আর কতটা ঝরলে রক্ত ঝরলে তোমার মন ভেজাতে পারব।

70. সুখ যে স্থায়ী নয়

কয়েকটা দিনের খোঁজা,
বই এর সব গুলো পাতা উলোট পালোট।
কখনো শরৎচন্দ্রের চরিত্রহীনে তোমায় খুঁজেছি।
কখনো সকল পাতার কুঁড়িতে দেখেছি খুঁজে।
কখনো দিক্ শূন্য হয়ে অনুভব করেছি একান্তে।
সে অনুভব শুষ্কতায় বয়ে যেতে দেই নি,
নয়ন বারি ধারায় ভিজিয়ে রেখেছি তৃষ্ণার্থ অনুভব।
কখনো বিষের তাপ অনুভবের উত্তাপে খুঁজে গেছি হাত।
অল্প আলাপ যুগের অবসান মিছিমিছি ধরাধরি।
কখনো সন্ধ্যে নামে ভারী হয় ব্যাথা।
তবুও খুঁজি সামান্য ছায়া শান্তি নীড়ের সন্ধানে।
হাতড়ে খুঁজি যোগাযোগের পথ উত্তেজনা বুকের ভেতর।
নিমেষে অমাবস্যা মনের ভেতর বিষন্নতার ছড়াছড়ি।
হঠাৎ সেদিন দুপুর বেলা তোমায় খুঁজে পেয়েছি।
এতগুলো মাসের অপেক্ষা হঠাৎ সেদিন কথার মধ্যে মিশেছিলো।
হঠাৎ দিপাবলী'র সব প্রদীপ গুলো উজ্জ্বলতায় উঠলো সেদিন জ্বলে।
নিভে যাওয়া কথা গুলো হঠাৎ কেমন মাত্রা পেয়েছিলো সেদিন।
সকল অনুভব গুলো হঠাৎ কেমন প্রাণ পেয়েছিলো।
মেঘে ঢাকা তারা কেমন হঠাৎ উজ্জ্বলতায় উঁকি দিয়েছিলো।
রুক্ষতায় ভুগতে থাকা কাগজ ফুলের গাছ হঠাৎ কেমন সজীব সতেজ হয়ে উঠলো।
ফ্যাকাসে গোলাপ খানা হঠাৎ কেমন লাল হয়ে উঠলো।
কিন্তু সুখ আর দুঃখের মাঝে যে বিস্তর দ্বন্দ।
সুখ যে স্থায়ী নয়।

71. এক অপরিচিত শহর

এ এক অপরিচিত শহর,
নামহীন কোনো সভ্যতায় প্রাণ পেয়েছিলো।
প্রতি পথের কানায় কানায় কত সংকেত।
ছুঁয়ে যাওয়া হাওয়ায় খসে পড়া কিছু শুকনো পাতায়,
লেখা ছিলো কিছু শব্দ কিছু গল্প।
এ এক অপরিচিত শহরের অপরিচিত শব্দ।
আমি শত চেষ্টায় পারি নি খুঁজতে অর্থ।
এ শহরের আকাশেও কোনো মেঘ নেই।
কোনো পাখি নেই ,কোনো বৃষ্টি নেই।
কোন ভাষায় গগন বলে কথা পারি নি জানতে।
কত শতাব্দী নিশ্চুপ কত যুগ আসেনি কোনো জীবন।
কত সময় পায়ের উষ্ণ চাপ পড়েনি রাস্তা গুলোর উপর।
আমি জানতে ব্যর্থ।
শীত আসে এ শহরের বুকে শিশির পড়ে না ঝরে।
নিয়মের সূর্য উঠে প্রতিদিন নিস্তব্ধে যায় ডুবে।
নিস্তব্ধে আসে কিছু হাওয়া বসন্তের ফুলে রঙ মাখিয়ে চলে যায়।
এ শহরে প্রেমের পথে কত গোলাপ খুন হয়।
রক্তস্রোতে ভাসে গুমরে ব্যাথা পায়।

72. বিদায়

আমি হাসিমুখেই দিলাম বিদায় তোমায়।
সকল জয়ের জয় টিকা তোমার কপালে দিলাম।
আমি আকাশে ভাসব সাদা মেঘের উপরে,
তুমি থেকো না হয় দর্শকাসনে।
আমি রাখব না হয় সকল কথা,ব্যার্থতা কবরে দিয়ে।
তুমি কখনো এসো নিঃসাড়ে আগমন হঠাৎ হঠাৎ মনে।
দেখো ঠোঁটের কোনে সকল পূর্ণতা, ব্যার্থতা চাপা হাসি।
যদি জপ আমার নামের জপমালা তোমার অসময়ে,
এসো ফিরে ভোরের বৃষ্টি হয়ে মিশে যেও চোখের কোনে।
চুপি চুপি এসো আলতো ছোঁয়া দিও গোধূলির বিকেলে।
নিশি যাপন তোমাকে দেখে দেখে,না হয় চলে যেও সকালে।
শুকনো গোলাপে লেখা থাক আমার নাম মিছি মিছি অভিমান।
ভাঙাবো না ও অভিমান জ্বলে থাক জলন্ত প্রদীপের শিখা হয়ে।
আমি হাসিমুখেই দিলাম বিদায় তোমায়।

73. ভুলতে পারি নি

বেশ কয়েকবছর হলো তুমি নেই।
মনের মাঝে মনের লড়াই সেও কয়েকবছর হলো।
কখনো বাঁধ ভাঙে সকল আবেগ।
মন ছুটিয়ে যাই দিগন্ত শূন্য খোলা মাঠের এ প্রান্ত ও প্রান্ত।
মাঝে প্রান্তরের ঝোলানো রশি তে ঝোলানো রক্তাম্ব স্মৃতি।
ক্ষতবিক্ষত হয়ে যায় সকল অভিযোগের তীরে।
কঠিন হয়ে উঠে,কঠিন আঘাতে গোধূলি বেলায়।
যোগাযোগ নেই অনেক বছর,তাই আর কোনো অভিযোগ নেই তোমার প্রতি।
নেই অভিমান, নেই চোখের কোনে জল।
শুধু আছে স্মৃতি।
যদি এগুলো তোমায় দেওয়া যেত তবে পেতাম মুক্তি।
এ জীবন যে কচুপাতার ওই এক ফোঁটা জলের মধ্যে রেখেছি।
ওটাই ভুলে যাই মাঝে মাঝে।
কচু পাতার উপর জলের ফোঁটা!
সম্মুখে দেখি দগ্ধ হই তবুও মিলতে পারি না।
একসাথে বয়ে যেতে পারি না।
মিলে যেতে পারি না,আঁকড়ে ধরতে পারি না।
তোমায় দেখি নি অনেকগুলো বছর।
ভুলতে পারি নি কোনো সময়।

74. আর কখনো হারিয়ে যাব না

আমি আর কখনো হারিয়ে যাব না।
আর কখনো কোনো কোনো ফুলের বাগিচায় বসে হারিয়ে যাব না।
অন্যের বাগিচায় বসে অন্তরের স্বপ্ন আমি আর দেখব না।
চাওয়ার আশায় নিজেকে বিকিয়ে দিয়ে আর পাওয়ার আশা করবো না।
ও বাগিচার মূল্য কতখানি আমার অতি সাধরনের অন্তরে বোঝে নি।
আমি আর কখনো হারিয়ে যাব না।
আর কখনো ওই নরম আঙুল ছুঁয়ে পাহাড় চড়ার স্বপ্ন দেখব না।
নিজেকে সঁপে দিয়ে মন মাতানো খেলায়,
আর খেলনা হতে চাই না।
মন ভেঙে ভেঙে খয়ে যেতে চাই।
বহমান পাহাড়ী নদী বেয়ে বেয়ে যেতে চাই।
অবহেলিত পড়ে থাকা নর্দমার দিকে।
আমি আর কখনো হারিয়ে যাব না।
গগন শূন্যের মেঘের মাঝে হারিয়ে যাব না।
অপেক্ষায় অপেক্ষায় আর নিস্তেজ হতে চাই না।
বিশৃঙ্খল মন আর পারি না থামিয়ে দিতে।
যদি স্বপ্ন মাখা মায়াভরা দমকা হাওয়া আসে।
তবুও আমি আর হারিয়ে যেতে চাই না।
যদি চোখের সামনে রামধনু রঙ এনে ধরা দাও।
বিশ্বাস করো তবুও আমি আর হারিয়ে যাব না।
হারিয়ে যাব না আর।

75. কন্ঠ

আজ জানো তোমায় একটা কথা জানাবো মিষ্টি।
অনেকটাই পুরোনো দিনের গল্প,তবুও বলবো।
আমিও জানো তোমার মতো কন্ঠ প্রেমে পড়েছিলাম।
কোনো স্বার্থ ছাড়া সাদা মাটা প্রেম ছিলো সে আমার।
খুব যত্ন আর অনেক সুবিশাল আবেগ দিয়ে বানানো ছিলো।
ছোটো বয়সের প্রেম তো বুঝতে শিখিনি।
তবুও জানি না কন্ঠ প্রেমে পড়েছিলাম।
সেই কন্ঠ টিকে রাতের আঁধারে খুঁজে যাই,হাতড়ে যাই।
হায়! পাই না শুনতে।ভুলতেও পারি না কি অসহ্য যন্ত্রণা।
আঁকড়ে ধরি বিছানার চাদর টা ছটফট করে উঠি জল গড়িয়ে পড়ে বালিশে।
ক্রমশ মিলিয়ে গেছে সে কন্ঠের সকল শব্দমালা।
আজ তোমার মুখে শুনলাম তুমিও কন্ঠ প্রেমে পড়েছো।
আচ্ছা মিষ্টি,সত্যি কি কন্ঠ প্রেমে পড়া যায়!
সত্যি কি কন্ঠ চিনে মানুষ টাকে চেনা যায়!
কন্ঠ আবেগ কে কি জড়িয়ে ধরা যায়?
চুমু এঁকে দেওয়া যায়!
কোনো অভিযোগ,কোনো অভিমান কি আসে কন্ঠের প্রতি।
কন্ঠের মধ্যে বুঝতে পারো ব্যাথা আছে কিনা!
হাসি আছে নাকি উৎফুল্লু আনন্দ আছে সেটা অনুভব করতে পারো!
জানো মিষ্টি,আমি বড্ডো সেকেলে,
হাহাহা! কবিতা লিখি ,গল্প লিখি একটা ঘোরে থাকি।
কখন থাকি কোন দুনিয়ায় কোন ঘরে নেই আশ্রয়।
কোন পথের পথিক, কোন ভাঙা মাস্তুলের মাঝি।

বেদুইন নাকি কল্পনার কাল্পনিকে আমি এক ছায়ামূর্তি।
আমি জানি না,আমি অদ্ভুৎ এক আলাপন।
আমার কন্ঠে সে প্রকৃতি ধরা দেই?
বলো না তুমি তো আমার কন্ঠের পড়েছো প্রেমে।
ধরা দেয় আমার ভাঙা হৃদয়ে আশ্রিত ভগ্ন ভালোবাসা।
আমি কয়েক যুগ একাকীত্বের ছায়া ধরে এগিয়ে চলেছি।
কন্ঠে সে একাকীত্ব ধরা দেয়?
কত বর্ষ প্রতীক্ষায় রাতের তীব্র অন্ধকারের ছায়ায়।
কন্ঠে অনুভব পাও।
আসলে মিষ্টি আমি সত্যি ভালোবাসতে জানি না।
আমি আকুতি করতে জানি না মিনতি করতে জানি না।
আমি অভিমান ভাঙাতে পারি না।
আমি জিততে জানি না।
আমি শুধু হারতে জানি না।
আচ্ছা! সত্যি কি কন্ঠ প্রেমে পড়া যায় ?

76. ও স্বপ্নচারিণী

ও স্বপ্নচারিণী,তুমিই তো সেই।
গত পূর্ণিমা রাতে কেটে গেছো আমার ডানা।
ও স্বপ্নচারিণী,তুমিই তো সেই।
মিথ্যে দিয়েছো আশ্বাস,না মেলার বাহানা।
ও স্বপ্নচারিণী,তুমিই তো সেই।
স্পর্শ পাইনা মনে,ভাঙাচোরা কলিজা।
ভালোবাসাস্ফিতী পথ জুড়ে রক্ত ধ্বজা।
ও স্বপ্নচারিণী,তুমিই তো সেই।
সমুদ্রমন্থণে বিষের ভান্ডার দিয়েছো উপহার।
ও স্বপ্নচারিণী,তুমিই তো সেই।
ব্যাথা দিয়েছো রাখতে,দেখ জমেছে পাহাড়।
ও স্বপ্নচারিণী,তুমিই তো সেই।
জনরোষে উত্তাল জনপথের ফুটপাথ।
বহমান শুষ্কতায় চৈত্রের দাবদাহে পাতানো পাত।
ও স্বপ্নচারিণী,তুমিই তো সেই।
ঝরাপাতা কুড়িয়ে দিয়েছো আমার বুকে।
ও স্বপ্নচারিণী,তুমিই তো সেই।
একরাশ দিয়েছো ঘৃণা,আছো তো বেশ সুখে।
ও স্বপ্নচারিণী,তুমিই তো সেই।
বেঁধেছো মায়ায় মিথ্যে আশার সাগরে।
রেখেছো পাষাণে রাখোনি স্বপ্নচারিণী আদরে।
ও স্বপ্নচারিণী,তুমিই তো সেই।
পথ জুড়ে সুখ ছড়িয়ে,রেখেছো ঘৃণা আমার জন্য।
জড়িয়ে লতার মতো,সুখ সে তো শুধুই অন্য।

ও স্বপ্নচারিণী,তুমিই তো সেই।
ফিরিয়ে দিয়েছো ঝর্ণা,শুষ্ক বালির ঝড়।
ধুঁ ধুঁ মরুভূমি আর হৃদয়ে বালির ঝড়।
ও স্বপ্নচারিণী,তুমিই তো সেই।
কাঁটা গাছে বেঁধেছো এ হৃদয়,বিষের পেয়ালা।
ও স্বপ্নচারিণী,তুমিই তো সেই।
বিষাদের বাঁশি দিয়েছো উপহার,মন বেহালা।
ও স্বপ্নচারিণী,তুমিই তো সেই।
খোঁজা খোঁজিতে ক্লান্ত,এই রাজ্য বালুকাময়।
ও স্বপ্নচারিণী,তুমিই তো সেই।
তীব্র দহনে দিয়েছো অবস্থান,জানি না ছায়ায়।
ও স্বপ্নচারিণী,তুমিই তো সেই।
প্রয়োজন দিয়েছিলে চাপিয়ে,প্রিয়জন তুমি নও।
ও স্বপ্নচারিণী,তুমিই তো সেই।
স্মৃতি তুমি হয়ে যেও না,বাস্তব তুমি হও।
ও স্বপ্নচারিণী,তুমিই তো সেই।
ছায়ামূর্তি হয়ে থেকে যেও না,সম্মুখ প্রতিমা হও।
ও স্বপ্নচারিণী,তুমিই তো সেই।
গোলাপ বাগিচা দাও লিখে,সম্মুখ সায়রে হও।
ও স্বপ্নচারিণী,তুমিই তো সেই।
গত পূর্ণিমা রাতে কেটে গেছো আমার ডানা।

77. ছাব্বিশ বছর ধরে

আজ ছাব্বিশ বছর ধরে এই প্রেমের গল্প লিখছি।
প্রতিদিন কোনো না কোনো স্মৃতির পাতায় ভালোবাসার স্পর্শ ছুঁয়ে চলেছি।
প্রতিদিনের প্রতিশব্দ প্রতিস্থাপন করে চলেছি প্রতিনিয়ত ঘূর্ণন এর কাগজে।
অগ্রাহায়ণের শীতের রাতে একা মিশে যাব ফাঁকা রাস্তার বুকে।
একরাশ কুয়াশা ভরা হতাশা এসে চিরে যাবে বুক।
উপড়ে নেবে হৃৎপিন্ড,কঠিন হয়ে যাবে ক্ষত।
এক নাগাড়ে ঘটবে রক্তক্ষরণ,তাজা তাজা রক্ত।
আচ্ছা তোমায় একটা অনুরোধ করবো!
আর কোনো কথা তো রাখলে না অন্তত এই কথা টা রেখো।
না বলো না! রাখতেই হবে তোমাকে এই কথা টা।
তোমার হাতে যে ঘৃণা ভরা লম্বা ছুরিটা আছে ধরা।
ওটা দিয়ে চিরে দাও আমার বুক ছিন্ন করো কলিজা।
আজ ছাব্বিশ বছর ধরে তুমি ওখানেই বসে।
স্মৃতি লিখতে লিখতে জানো আমি আমাকে পারি না চিনতে।
স্মৃতি মূর্তি হয়ে মানুষের মাঝে পড়ে।
কোনো গুরুত্ব নেই।
ছাব্বিশ বছরের দীর্ঘশ্বাস প্রতিদিনের ভোরে শেষ পড়ে।
রাত্রী যাপনের পর অবশিষ্ট অবসর।
একটা চোখের কোনে জল বিস্ফোরণ ঘটে প্রতি পূর্ণিমা রাতের আঁধারে।
এক বুক প্রেম নিয়ে দাঁড়িয়ে শান্ত আকাশের দিকে তাকিয়ে।
জন সম্মুখের মাঝে আড়াল করি চোখের ভাষাকে।

কৃত্রিম হাসি বয়ে নিয়ে চলেছি ছাব্বিশ বছর ধরে।

78. প্রত্যাবর্তন

প্রতিদিন যেখানে প্রত্যাবর্তন করতে ইচ্ছে করে।
সেখানে এখন আর যেতে পারিনা।
সেখানে এখন প্রতিদিন বারুদের খেলা হয়।
আগুন জ্বলে! বারুদে বারুদে মুখোমুখি হয় লড়াই।
প্রতিদিন সেখানে আগুন ঝরে পড়ে,আষাঢ়ে বৃষ্টির মতো।
নরম চামড়ার উপর ফোস্কা পড়ে,দহন হয় কিন্তু কিছু বলতে পারে না।
তীব্র যন্ত্রণায় ছুটে চলে পথ জুড়ে তবুও উপসম খুঁজে পাই না।
প্রতি সিগারেটে মোড়া শত যন্ত্রণা সে আগুনে পুড়ে যায় প্রতি নিঃশ্বাসে।
সে নিঃশ্বাসে বিষ,সে তো শুধু তোমার জন্য।
সেখানে প্রতিদিন আত্মহত্যা করে জীবন্ত প্রেমিকের লাশ।
প্রতিদিন কোনো নিস্তব্ধ চার দেওয়ালের মাঝে পোষ্ট মর্টাম হয়।
চেরা যায় পুরো শরীর আত্মহত্যার কারণ শুধু তুমি।
তুমি ভালোবাসা! শুধু তুমি।
এত জীবন্ত লাশের খুনি শুধু তুমি।
প্রতিদিন যেখানে প্রত্যাবর্তন করতে ইচ্ছে করে।
সেখানে এখন আর যেতে পারিনা।
সেখানে এখন গ্রন্থ ছেঁড়া হয়।
শত সহস্র স্বপ্নে সাজানো প্রেমের সে গ্রন্থ।
সে গ্রন্থ এখন ছেঁড়া হয়।
প্রতি কাগজের টুকরো দিয়ে মোছা হয়।
আঘাত প্রাপ্ত হৃদয়ের আঘাতের রক্ত।
নিঃশব্দে চুপিচুপি সবার আড়ালে নিশিরাতে, ভালোবাসার ছায়ামূর্তির

সামনে।

79. কেন এত আকর্ষণ

কেন এত আকর্ষণ! বলো তুমি বলো।
প্রতিদিন কথার অস্ত্রপচার তবুও কেন!
তবুও কেন বলো এত আকর্ষণ।
ব্যার্থ নিজস্বতা তবুও দেখ ঘুম নেই পড়শির।
কেন ভাঙে মন মন মনের যুদ্ধ মেলায়।
ভাঙো না সকল শেকল জুড়ে কেন পায়ে।
পাখনা জোড়া পিঠের খাঁজে, তবুও কেন!
বলো তুমি, তবুও কেন পারিনা উড়ে যেতে।
তবুও কেন পাহাড় চূড়া পারিনা ছুঁতে।
ভাঙতে পারি না তুষার এর মুন্ডু খানা।
সকালের সূর্য্য দেখ,সন্ধ্যেবেলা যাবে ডুবে।
হতেই পারে এই একটা দিন একটা ইতিহাস।
পড়বো কাঁপা হাতে কোনো জীর্ণ বইয়ের পাতায়।
দীর্ঘশ্বাস পড়বে সেদিন সময় হাতে পাব কদিন।
কেন এত আকর্ষণ! বলো তুমি বলো।
প্রতিদিনের গঞ্জনা সন্ধ্যে নামলে কেন যাই সরে।
ব্যার্থতা সরিয়ে কেন আদূরে জড়ানো দগ্ধ নিশিতে।
বলো তুমি বলো ,কেন তবে এত আকর্ষন।
বহনে দুঃখ তবুও আমি দুঃখী তো নই।
প্রতিদিন তীর্থে আমি সুখতীর্থ মেলায়।

www.ingramcontent.com/pod-product-compliance
Ingram Content Group UK Ltd.
Pitfield, Milton Keynes, MK11 3LW, UK
UKHW042016190726
13854UKWH00005B/2307

9 798889 352365